Kari Köster-Lösche

Die Pesthexe

oder
Wie eine Jungfrau
Anno 1650
den Schwarzen Tod
nach Tondern lockte

Roman

COBRA VERLAG

2. Auflage 1988

2250 Husum
Herstellung Clausen & Bosse, Leck
ISBN 3-923146-36-1

Inhalt

1. In Lügum

Grau und trübe begann der Tag der heiligen Cäcilie. Das Wetter war schon seit Wochen so, die Feuchtigkeit durchdrang alles, Kleidung, Möbel, Gerätschaften, sogar der Ofen in der Wohnstube war morgens naß vom Wasser, das sich auf ihm niederschlug. Der Wind nahm seit Tagen stetig zu. Nicht wie sonst in dieser Jahreszeit aus Südwest, dann härter werdend und langsam auf Nordwest drehend, bis er sich erschöpfte und verging. Das hätten sie alle ohne Bedenken, ja, ohne es zu bemerken über sich ergehen lassen. Nein, es war diesmal anders. Tagelang hatte es schon aus dem Norden geweht, dann war der Wind plötzlich eingeschlafen. Es war ganz still geworden, so daß man die Möwen in den Feldern hatte hören können, aber nur wenige Stunden danach tobte ein anschwellendes Brausen durch die entlaubten Bäume. Während der Stille war der Himmel abends rot gewesen, und an ihm war eine große schwarze Wolke erschienen, die wie ein Hammer über einem Amboß geformt war. Alle hatten sie gesehen, aber Müller Nes sah noch etwas.

Ob es ein Gesicht gewesen war, oder ob es sich tatsächlich zugetragen hatte, konnte er hinterher nicht sagen. Er war jedenfalls der einzige, der in Lügum bemerkte, wie hinter dieser Wolke ein großes Schiff erschien, das mit sämtlichen Segeln an seinen zwei Masten aufrecht und schnell vor dem Wind dahinglitt und dann zerbrach, einfach auseinanderfiel. Es würde noch in diesem Jahr ein großes Unglück über sie hereinbrechen, davon war Nes überzeugt und machte daraus auch kein Hehl.

Am Anfang dieses Jahres 1650 waren in den Wald von Tondern zwei Sterne gefallen, dort wo Graf Rantzau seine große Burg gebaut hatte. Nun wußte man natürlich nicht, ob sie zur Warnung seiner Durchlaucht gefallen waren, oder ob sie allen galten, die die Gegend bewohnten. Es sprach bei genauerer Überlegung einiges für das letztere, denn es gab noch mehr Zeichen eines drohenden Unheils.

Ja, Nes spürte, wie um ihn die Geistermächte ihr Spiel trieben, ihn einkreisten, ihn zur Aufmerksamkeit zwangen, so daß er schon lange mit vibrierenden Nerven umherging. Er mußte es selbst zugeben: er hatte Angst. Er schlug verstohlen das Kreuz, so wie er es von seinem Vater gelernt hatte und dieser wieder von seinem, wie es eben die Vorväter getan hatten. Damals war das Bekreuzigen auch noch allgemeiner Brauch gewesen, damals, bevor die Mönche aus Tondern vertrieben worden waren. Frevel war es gewesen, ihr Kloster abzureißen, und seitdem blühten Hexenkunst und Teufelei an allen Orten.

Am Fuß des Mühlenhügels lag ein Haus, das sich in bemerkenswerter Weise von den übrigen Häusern und Hütten des Dorfes unterschied. Ganz modern war es aus gebrannten Ziegeln durch einen Baumeister aus Meldorf gebaut worden, von dem allgemein bekannt war, daß er die neueste Bauweise im Süden gelernt und mitgebracht hatte. Tade musterte sein Haus zufrieden und trat aus der dunklen Diele in die Küche, in der seine Frau Kaike die Morgenmahlzeit zubereitete.

»Ich gehe nach Tondern«, sagte er, »besser wird das Wetter in den nächsten Tagen nicht werden, und ich muß unbedingt mit Arne Mickelsen wegen der Ochsen reden.«

Kaike schwieg beunruhigt. Ochsenhandel wurde mit den Frieslanden getrieben, so lange sie denken konnte. Auch ihr Vater und Großvater hatten Ochsen gemästet. Aber als Händler beteiligt hatten sie sich nie. In Lügum war Tade der einzige, der das tat, und immer noch war er Gegenstand hitziger Debatten bei den Männern und schweigsamen Mißtrauens bei den Frauen. Und Kaike ängstigte sich, wenn sie daran dachte, daß die Obrigkeit eines Tages ihren Mann ins Auge fassen könnte wegen dieser Leidenschaft, die ihm als Bauern einfach nicht zukam.

»Ich dachte sogar daran, Inken mitzunehmen.«

Kaike lächelte überrascht.

»Da wird sie sich freuen«, gab sie zu. »Sie wartet schon so lange darauf, ihre Tante zu besuchen.«

Als ob sie es geahnt hätte, stand die 16jährige Inken in der Tür. Helles, blondes Haar, sorgfältig zu Zöpfen geflochten, in die rote Bänder, wie es Sitte war, mit eingebunden waren, groß gewachsen, hatte sie ihre schlichte Tracht bereits angezogen und war fertig. Kaike sah ihre Tochter liebevoll an.

Kurz danach war auch Tade reisefertig, angekleidet mit Wams und langen Hosen. Sie machten sich auf den Weg, während der graue Tag langsam vom Hügel herunterkroch. Von den Bäumen tropfte es.

Auf dem Weg trafen sie auf Nes, den Müller.

»Moin, moin«, rief dieser erfreut, »haben wir etwa ein Stück Weg gemeinsam?«

Tade erwiderte, er wolle nach Tondern wegen seiner Geschäfte.

»So, du beteiligst dich wieder am Handel? Bauer oder Händler, was bist du eigentlich?« fragte Nes spöttisch. »Sieh nur zu, daß du dich nicht in Schwierigkeiten bringst.«

»Was meinst du damit?« fragte Tade leicht verdrossen.

»Ach, man hört so allerlei«, sagte Nes geheimniskrämerisch. »Der Herzog kümmert sich zwar nicht um Leute deines Schlages, aber mit dem Amtmann könntest du leicht aneinandergeraten.«

Tade schwieg. Der Müller würde auch ungefragt weiterreden.

»Die Kaufleute sind beim Amtmann schon vorstellig geworden«, sagte der Müller hämisch. »Sie heizen ihm bereits ein, etwas gegen den Bauernhandel zu unternehmen. Das wußtest du wohl nicht?« fragte er lauernd und fuhr gleich fort:

»Nein, es ist gegen jeden Brauch, wenn Leute deines Schlages anfangen, Handel zu treiben.«

Nes nickte überheblich.

»Du wirst schon sehen, wohin das führt, Tade Hansen.«

Tade wurde ärgerlich.

»Du solltest hübsch deinen Mund halten, Müller. Du bist doch versorgt, ob du mahlst oder nicht. Und wenn du heute keinen Wind hast, dann eben morgen oder in zwei Wochen, was schert's den Herzog, der Bauer steht geduldig an deiner Tür und wartet, er kann ja nicht woandershin ausweichen. Ja, ausgerechnet ein Müller sollte nicht meckern, wenn ein anderer sich umtut, um aus der Armut herauszukommen.«

Beide schwiegen verärgert.

Der Wind nahm zu, wie sie am Rauschen in den Bäumen hören konnten.

»Hast du schon gehört, daß bei Broder Brodersen 2 Kühe gestorben sind?« fing Nes das Gespräch wieder an.

»Ihnen muß wohl jemand die klebende Seuche an den Hals gehext haben, ich kann mir auch denken, wer...«

»Waren sie krank?« fragte Tade.

»Nein, eigentlich nicht, sie haben nur gehustet. Und davon können sie ja wohl nicht sterben! Broder hat ihnen noch einen geteerten Hering in den Hals gesteckt. Das hat der Schweineschneider empfohlen, der voriges Jahr überall herumzog, wo die Brustseuche hauste.« Eifrig redete er weiter: »Der Teufel fuhr auch ganz richtig gleich aus den Tieren heraus, er röchelte und seufzte, aber es war schon zu spät. Die Kühe waren zu sehr in DESSEN Hand«, sagte Nes geheimnisvoll.

»So ein Quatsch!« antwortete Tade roh.

»Wer da röchelte, war bestimmt nicht der Teufel! Was würdest du denn machen, wenn man deinen Rachen mit einem Hering zustopfte? Ersticken würdest du, genau wie die Kühe«, meinte er nüchtern.

»Meinst du?« fragte Nes unsicher, und griff sich an die Kehle.
»Nein, glaube mir, das war Hexerei. Der BÖSE ist überall.«
Zum Schluß flüsterte er nur noch und sah sich verstohlen um.

»Nein, das war es nicht«, antwortete Tade scharf. »Hast du noch nie bemerkt, wie das mit der Brustseuche ist? Ein Tier hat sie, woher weiß ich auch nicht, sie ist plötzlich da. Aber wie es weitergeht, weiß ich, das kannst du mir glauben! Da kommen die größten Schwätzer und die neugierigsten Dummköpfe sofort herbeigerannt, wenn ein Tier im Sterben liegt, und dann kakeln sie wie die Hühner, und halten Maulaffen feil. Und wenn sie dann nach Hause kommen,« – er gab seinem Pferd einen leichten Faustschlag auf den Widerrist – »bums! haben sie selber ein krankes Tier im Stall.«

Nes sah Tade staunend an.

»Nein, ich sage dir«, setzte Tade seine Rede fort, »nur die Neugier ist schuld. Deswegen gehe ich auch nie in Ställe, in denen ein Ochse krank ist. Und bitte: ich habe schon seit Jahren nichts Ähnliches mehr im Stall gehabt.«

»Nun ja«, sagte Nes zögernd, »ich will dich nicht erschrecken, aber manche meinen, daß es nur eine einzige Erklärung dafür geben kann, daß du deine Tiere unbeschadet über den Winter bringst. Du kannst dir ja wohl denken, was ich meine.«

»Nein«, antwortete Tade entschieden, obwohl er natürlich wußte, auf was Nes anspielte.

»Vater hat nie gehext«, griff Inken empört und gegen jeden Brauch in das Gespräch der Männer ein.

Tade erschrak, beunruhigt, daß selbst seine Tochter sich darüber Gedanken machte. Er wurde allmählich ärgerlich.

»Nein, für diese Seuchen muß es eine Erklärung geben. Und dir rate ich, mich nicht noch einmal mit Hexerei in Verbindung zu bringen«, sagte er drohend.

Als er sich wieder beruhigt hatte, ergänzte er mit einem leisen Lachen:

»Wenn ich es könnte, würde ich mich erst einmal reich hexen!«

»Aber du bist doch reich!« rief Nes und verstummte dann erschrocken.

»Da weht der Wind also her«, dachte Tade erbittert. Besser er beendete das Gespräch, denn gegen solche Verbohrtheit war er machtlos.

In Seth angekommen, stellten sie fest, daß der Weg unpassierbar war. Weit und breit waren die Wiesen überschwemmt, ja der Weg war nicht einmal mehr zu sehen.

»Unmöglich, da zu Pferde hinüberzukommen«, sagte Jens Fischer.

»Aber ich kann euch hinüberbringen.«

Nes schüttelte sich entsetzt.

»Mich bekommen keine zehn Pferde aufs Wasser. Schon gar nicht heute, wo man vor lauter Wasser nicht mehr weiß, wo oben und wo unten ist.«

Nes verabschiedete sich von ihnen und kehrte um. Tade sah ihm nachdenklich nach. Das Hexenunwesen nahm zu, das wußte er, aber es überraschte ihn doch, selbst der Hexerei verdächtigt zu werden. Ein leiser Schauer der Furcht überlief ihn.

Tade und Inken aber wurden von Jens Fischer nach Tondern gesegelt. Am Steindamm bei »Den 7 Schweden« setzte er sie ab. Sie sahen ihm noch eine Weile nach und wandten sich dann zur Stadt, deren südliches Stadttor sie bereits sehen konnten.

2. Kauffahrer

In Sichtweite der Wiedaumündung kam eben in großer Fahrt, getrieben durch den achterlichen Sturmwind, ein Schiff über den Horizont. Wer hier fuhr, konnte nur zwei Ziele meinen: das waren Südwesthörn, wo die Waren in die friesischen Marschharden eingeführt wurden, und Tondern.

Das Schiff nun, das durch das Fartrap-Tief einlief, war ein Holländer, bestimmt nach Tondern. Die Fleute hatte Fliesen und Mühlsteine geladen, gewissermaßen als Ballast, und dazu die Waren, die den eigentlichen Wert der Sendung ausmachten, nämlich Gewürze, Tabak, Tonpfeifen, Kleiderstoffe, erlesenes Mobiliar und Wein. Mit geringeren Waren gab sich die »Hoffnung« nicht ab, die Mauersteine und Dachpfannen, den Kalk und die Kacheln überließ sie den kleineren Schiffen.

Sie hatten bisher eine gute Fahrt gehabt. Die meiste Zeit waren sie mit achterlichem Wind gut vorangekommen, man konnte also annehmen, daß die Ware weder zerschlagen noch durchnäßt war.

Auch die Stimmung der Mannschaft war gut. Kapitän Ketel Frerksen aus List auf Sylt sorgte für seine Mannschaft, sie wurde ordentlich beköstigt, und über den Lohn brauchte sich keiner zu beklagen.

Sie hatten allerdings leider einen Todesfall gehabt: der Segelmacher war, während er nähte, plötzlich leblos umgefallen. Als sie ihn umdrehten, merkten sie, daß er tot war.

Er hatte sich vorher nicht beklagt und auch keine Beschwerden gehabt. So blieb nichts weiter zu tun, als ihn in Segelleinwand einzunähen und nach der üblichen kurzen Ansprache des Kapitäns feierlich in der See zu bestatten.

Außer der Ware und den Seeleuten hatte die »Hoffnung« auch einige Tiere an Bord, zum Beispiel die großen grauen Ratten, wehrhaft und klug, die ständig an Bord waren und dort zu ihrem und anderer Nutzen den Abfall beseitigten. Auch zwei kleine schwarze Ratten waren darunter, die bereits einen weiten Weg hinter sich hatten: sie kamen aus Spanien. Verängstigt wegen der langen Seereise waren sie in Enkhuizen von Bord gegangen, bei Nacht, und weil sie plötzlich Stimmen hörten, flüchteten sie sofort auf einem ihnen bereits bekannten Weg, über die Festmachleinen, und gerieten so gegen ihren Willen wieder auf ein Schiff.

Eine von ihnen war unterwegs krank geworden und hatte sich verkrochen, in eine Decke, die nach Mensch roch, und dort sank sie in tiefe Bewußtlosigkeit.

Nach weniger als 3 Stunden von der Einfahrt in die Inseln an gerechnet, stand die »Hoffnung« im Hojer-Tief, und sie mußten sich – nunmehr am Wind – vorsichtig nach Ruttebüll-Hafen hineintasten. Nach einer weiteren halben Stunde rauschte der Anker ins Wasser und hielt das Schiff zwischen Ebbstrom und Wind.

Auf manchen Booten, die im Hafen lagen, wurde fieberhaft gearbeitet, das waren diejenigen, die für Tondern bestimmt waren und die durch die Schleuse fahren sollten. Auf der »Hoffnung« begannen die Vorbereitungen zum Umladen auf die kleinen Flußboote.

»Macht die Jolle klar!« donnerte die Stimme des Kapitäns, und jeder wußte, daß er sich zu einem Plauderstündchen mit den Leuten von der Zollbehörde aufmachte. Diese Zeit war stets gut angelegt.

Entsprechend sorgfältig kleidete sich der Kapitän auch, damit er nicht wie ein gewöhnlicher Seemann aussah. So tauschte er also die Pluderhosen und die weiten Seestiefel gegen Kniehosen und Schuhe aus. Mit langem Mantel und hohem Hut machte er den Eindruck einer Person vom Stande.

»Moin, Iwen«, grüßte der Kapitän den Zöllner, den er in seinem Haus fand.

»Sieht nicht gut aus mit dem Wetter, was?« fragte der Zöllner, als ob er den Kapitän erst gestern gesehen hätte.

»Nein, es legt zu«, antwortete der Kapitän. »Nach mir wird wohl kaum noch einer einlaufen, die werden draußen warten müssen.«

»Nur zu wahr«, stimmte Iwen zu.

»Vor 3 Tagen versuchte ein Holländer über die Watten hereinzukommen. Ist ihm nicht bekommen. Die 10 Mann haben sie gerettet, aber die Fracht war verloren.«

Der Zöllner lachte schadenfroh.

»Der Amtmann soll getobt haben, als er die Nachricht bekam. Er brauchte dringend das Baumaterial und muß nun zusehen, wo er es herbekommt. Du weißt, am Schloß wird mächtig gebaut. Ja, ja, in Tondern hatte eine Menge Bürger zu lachen. Lesen und Schreiben kann er nicht, aber Amtmann ist er«, sagte Iwen verächtlich.

»Na ja, die Leute sind manchmal auch gehässig«, warf der Kapitän ein, »es kann einfach nicht sein, daß ein Amtmann des Herzogs nicht schreiben kann.«

Iwen blieb jedoch bei seiner Behauptung, bestärkt durch die allgemeine Abneigung gegen den Amtmann, nicht im allgemeinen, sondern diesen, Lydwardus Hestorf aus Lübeck, im besonderen. Und so sprachen sie über dieses und jenes, wobei Iwen den Kapitän mit Gerüchten und Neuigkeiten aus der Stadt versorgte.

»Die Verhältnisse sind nicht mehr so rosig«, sagte der Zöllner düster. »Die Angst im Lande wächst, es braut sich was zusammen, man weiß nur nicht, was.«

Ketel nickte nur.

»Ja, in letzter Zeit kommt der Scharfrichter kaum zur Ruhe. Räuberei und Totschlag nehmen zu. Ich muß weite Wege machen, um nicht am Hochgericht vorbei zu müssen.«

Der Zöllner wurde geheimnisvoll.

»Die Galgenfenne ist ganz schwarz von Vögeln, die nicht mal mehr auffliegen, wenn man sich ihnen nähert.«

Er flüsterte:

»Sie haben den Schutz des Bösen.«

»Aber Iwen, was für einen Unsinn erzählst du da«, brach Ketel aus.

Iwen setzte sich wieder gerade hin und sagte in normalem Ton:

»Tatsache ist aber, daß da mehr Leichname herumliegen als je, und es stinkt, daß es einen grausen kann.«

»Ja, das glaube ich dir, aber weder der Gestank noch die Vögel haben etwas mit dem Bösen zu tun«, sagte Ketel nüchtern.

»Ja, mag sein«, gab Iwen widerwillig zu, »aber die Leute glauben es.«

Ketel äußerte sich nicht, schüttelte nur den Kopf. Bald danach verabschiedete er sich und ging, mußte sich aber eingestehen, daß auch er nun etwas beunruhigt war.

Zwei Frachtensegler lagen längsseits der »Hoffnung«, klar zum Ablegen. In einem saß bereits der Seemann, der sich bereit erklärt hatte, die Seekiste des toten Segelmachers zu dessen Familie zu befördern. Der Kapitän bestieg mit seinem Seesack den zweiten Prahm.

3. Tod auf der Wiedau

Nachdem die Zollformalitäten erledigt waren, stakten die Flußschiffer ihre Boote mühsam durch die Schleuse, deren drei Tore geöffnet waren, damit das Wasser der hochangeschwollenen Wiedau abfließen konnte. Hinter der Schleuse setzten sie Segel.

»Verfluchter Deich«, hörte der Kapitän den Fischer murmeln, als sie hinter dem Dorf dicht am Deich entlangsegelten.

»Aber er schützt euer Land«, entgegnete der Kapitän erstaunt.

»Land, Land, wessen Land? Doch nicht unseres«, erwiderte der Fischer böse. »Nein, nein, den Vorteil vom Deich haben nur die reichen Bauern, die werden von ihm noch reicher, und die haben seinen Bau auch betrieben, unsereins war es gewiß nicht.«

Dagegen war nun nichts zu sagen.

»Nein, wir werden mit jedem Jahr ärmer«, klagte der Fischer. »Im Frühjahr hungern hier viele, vor allem, wenn der Herzog wieder eine neue Steuer erhebt, für seine Hochzeit, für ein neues Schloß, für was weiß ich. Ihm wird schon was einfallen.«

Der Fischer murrte wortlos vor sich hin. Kapitän Ketel sah ihn nachdenklich an; er fand bestätigt, was der Zöllner ihm schon gesagt hatte: es gärte, man war unzufrieden.

Des Kapitäns Aufmerksamkeit wurde abgelenkt, als er bemerkte, daß sich im zweiten Boot der Bootsmann Hansen faul ausgestreckt hatte, obwohl doch seine Hilfe beim Segeln willkommen gewesen wäre. Bevor er jedoch seiner Verärgerung Ausdruck geben konnte, rief ihm der Prahmführer zu, daß der Mann wohl krank sei, und er leistete im stillen Abbitte.

»Ich weiß nicht, was er hat, er liegt da, ohne etwas zu sagen. Ich kann nicht zu ihm gehen, weil ich die Pinne nicht loslassen kann. Bei Aventoft, da ist die Wiedau breiter, da lasche ich die Pinne und seh' nach ihm«, versprach der Skipper.

Ketel war beunruhigt und versank in wortloses Brüten.

Sie waren auf der Höhe von Aventoft, als er wieder angerufen wurde.

»Kapitän Ketel, Euer Seemann scheint tot zu sein«, schrie der andere Schiffer durch die zusammengelegten Hände hinüber.

Zutiefst erschrocken, aber mit unbewegtem Gesicht, entschied der Kapitän, daß sie in diesem Fall bis Tondern durchsegeln sollten.

»Wir kommen mit einer Leiche nicht in die Stadt«, gab der Fischer zu bedenken.

»Ach was«, tat der Kapitän den Einwand ab.

»Doch, doch, die Stadtväter sind rigoros, wenn es darum geht, Tondern von unerwünschtem Volk freizuhalten. Verbannte Bürger, fremde Krüppel, ortsansässige Bettler und städtische Verbrecher werden von Zeit zu Zeit vom Armenvogt und vom Scharfrichter an die Stadtgrenze befördert, und dort mögen sie sich selbst weiterhelfen. Euch würden sie ohne Federlesens der Stadt verweisen, wenn sie Euch mit einer Leiche erwischten«, erklärte der Fischer.

»Könnt Ihr ihn denn nicht woanders begraben lassen?« wollte er wissen.

»Das ist ein vernünftiger Gedanke«, gab der Kapitän zu.

»Er stammt aus Niebüll.«

»Warum habt Ihr das denn nicht gleich gesagt?« rief der Fischer erleichtert.

»Es ist weitaus einfacher, ein Boot für eine Leiche zu finden, als mit einer Leiche ungesehen die Stadtgrenze zu passieren. Dann also nach Legan, dort wird sich wohl jemand finden, der in die Bökingharde segeln will.«

Kurz darauf machten sie in Legan fest. Ketel stieg auf den anderen Prahm hinüber. Tot war Hansen unzweifelhaft. Ketel war aber nicht im geringsten darauf gefaßt, ihn so verändert vorzufinden. Die Haut war gelblichblaß, die Wangen waren eingefallen, und die schwarzen Bartstoppeln verdeckten schwach bläuliche, große Flekken im Gesicht. Aus Mund und Nase sickerte eine blasige Flüssigkeit. Die toten Augen waren wie in panischer Angst aufgerissen. Hansen mußte das Grauen noch gesehen haben, bevor es ihn tötete. Die beiden Fischer wichen entsetzt zurück.

Auch Ketel erschrak zutiefst, bat sich einen Sack aus und umhüllte den Toten sorgfältig. Der Skipper hatte vom anderen Boot aus Ketels Handlungen verfolgt und sagte ernst:

»Kapitän, was immer der Mann hatte, ich frage Euch gar nicht danach, vielleicht wißt auch Ihr es nicht, aber im Krug gebt Ihr besser an, der Matrose sei von der Rah gestürzt.«

Der Kapitän stimmte ihm schweigend zu und sagte dann:

»Ich weiß übrigens wirklich nicht, woran er starb.«

»Ich weiß es nicht«, dachte er, »aber wenn es doch die Pest ist?«

In ihm flackerte eine Furcht auf, die ihm fast den Atem raubte.

Im Krug war die Luft schwer vom Rauch, der aus dem gemauerten Bilegger drang, vom verschütteten Bier auf den Tischen und von den Ausdünstungen der vielen Fischer und Bauern in ihren nassen Jacken. Der Lärm des Redens und Lachens schlug über Ketel zusammen. Als man sie bemerkte, wurde es solange still, wie die Anwesenden brauchten, um sich zu vergewissern, daß ihresgleichen kam und nicht etwa die Obrigkeit.

In der plötzlichen Ruhe grüßten die Neuankömmlinge, die Männer gaben freundlich ihr »Moin« zurück, und danach wandten sich die meisten gleichgültig wieder ihrem Gespräch zu. Ketel und die zwei Prahmführer setzten sich an einen Tisch, gelassen, als ob sie wie alle anderen hier einfach rasten und Neuigkeiten austauschen wollten. Nach einiger Zeit, als sie zu einem Bestandteil der schwatzenden, gröhlenden und trinkenden Menge geworden waren, schlossen sie ihren Handel ab.

Schweigend trafen die beiden Skipper ihre Vorbereitungen zum Ablegen. Sie wollten so schnell wie möglich weg von einem, der im Tode so unheimlich ausgesehen hatte.

Zauberei oder Hexerei, das war ihr Verdacht. So sah ein Toter, bei dem alles mit rechten Dingen zugegangen war, nicht aus. Dem Kapitän warfen sie mißtrauische Blicke zu, aber er bemerkte es nicht.

In Tondern schickte Ketel die beiden Fischer in den Löwen, um sie für den ausgestandenen Schrecken zu entschädigen, und machte sich auf den Weg zu Kaufmann Arne Mickelsen, um ihm zu berichten, daß er mit der Fracht glücklich eingetroffen sei.

4. In der Stadt

Nachdem sie dem fortsegelnden Fischer nochmals zugewinkt hatten, machten sich Tade und seine Tochter auf den Weg. Als sie durch das wuchtige Südertor in die Stadt traten, befanden sie sich mitten im Trubel eines Markttages.

Inken sah sich neugierig um.

An vielen Häusern stand Vieh: Kühe, Ochsen, Kälber, Ziegen und Schafe, soweit sie die Straße überblicken konnten, dazwischen die Besitzer und die, die es werden wollten. Solange der Markt währte, hatten die Hausbesitzer, die dem Vieh einen Standplatz boten, das Recht zum Ausschank, und so schwankte mancher Bauer, der mehrere Tiere verkauft hatte, erheblich. Und mancher Käufer wurde mehr geführt, als daß er seine Ziege führte, und das war auch nicht erstaunlich, denn in solch einem Zustand des Mannes war gewöhnlich die Ziege der verständigere Teil.

»Komm, Inken«, rief Tade ihr ins Ohr und zog sie mit. Erst als sie am Löwen der Neuen Apotheke standen, konnte sich Inken vom

Markttreiben losreißen, sie stürmte die drei Stufen zum Haus ihrer Verwandten hoch und fiel ihrer Tante in die Arme.

Inzwischen war auch Kapitän Ketel an seinem Ziel angekommen, am Haus des angesehenen Kaufmanns Arne Mickelsen, für den er die »Hoffnung« fuhr.

Ketel wurde in die Diele geführt, die für geschäftliche Besprechungen eingerichtet war und begann seinen Bericht.

»Es ist alles einzeln aufgeführt«, erklärte er und übergab dem Kaufmann einen großen Bogen Papier. »Den Kabinettschrank und das Fliesentableau nach einem Kupferstich von Romeijn de Hooghe habe ich bereits im Prahm mitgebracht. Auch alles andere habe ich wunschgemäß eingehandelt, aber es ist noch fraglich, wie schnell wir entladen können. Wie Ihr wißt, ist der Sturm hart, und die Schleuse wird vermutlich mehrere Tage geschlossen.«

»Ja, ich weiß«, sagte Ratsherr Arne bedrückt. »Wir haben an die Bürger und Einwohner bereits die Empfehlung ausgegeben, für genügend Wasser in den Häusern zu sorgen.«

Der Kapitän nickte gleichmütig. Das Trinkwasserproblem von Tondern war bekannt. Nicht ohne Grund beförderten Boote, die noch Platz hatten, manches Faß mit Wasser von Aventoft in die Stadt.

»Ich habe noch eine Empfehlung für Euch«, kam er wieder zur Sache. Als Arne nickte, fuhr er fort:

»In Holland herrscht in diesem Herbst Futtermangel. Bei den meisten kleinen Bauern wird das Heu nicht mal zum Frühjahr reichen.

Man kann sich ausrechnen, daß die meisten ihr Vieh also bis Januar verkaufen müssen. Das bedeutet, daß die Ochsen im Frühjahr mit Gold aufgewogen werden. Wenn Ihr noch eine Ladung zusammenstellen könntet...«

»Ja, ich habe auch schon daran gedacht«, erklärte Arne. »Allerdings ohne von dem Futtermangel zu wissen. Aber die Kapitäne haben ihre Verträge für den Konvoi alle schon abgeschlossen, leider.«

»Das kann ich mir denken. Der Gewinn würde auch ungleich größer sein, wenn Ihr das Schiff vor dem Konvoi losschickt. Die Frage ist nur: würdet Ihr es wagen?«

»Würdet Ihr es wagen?« gab Arne zurück, wohl wissend, daß der Kaufmann zwar sein Geld, manchmal sein ganzes Vermögen, aufs Spiel setzte, der Kapitän aber sein Leben.

»Es ist Euch doch klar, daß ich dafür einen höheren Anteil beanspruche?« fragte Ketel ohne Umschweife.

Sie einigten sich sofort.

»Wo wir die Tiere kaufen, und wie und wo wir sie zusammenstellen, muß ich mit Tade Hansen aus Lügum absprechen«, überlegte der Kaufmann laut.

Bei rheinländischem Wein unterhielten sie sich über die politische Lage, die zur Sorge Anlaß gab.

»Und was für uns wichtig ist«, erklärte Ketel: »Es sind schon mehrere holländische Handelsschiffe in letzter Zeit gehindert worden, in englischen Häfen zu landen.

Dort bahnt sich eine Entwicklung an, bei der ich noch nicht weiß, wo sie hinführen soll. Aber eins steht fest: sie hat System.«

Ketel schilderte dem Ratsherrn ausführlich alle Beobachtungen.

»Das scheint sich gegen alle zu richten, die mit Ware eines anderen als ihres eigenen Landes handeln«, schloß Arne messerscharf. »Vielleicht beabsichtigt England, den Zwischenhandel zu übernehmen. In keinem Fall aber kann man es gutheißen, daß die traditionellen Handelswege zerstört werden. Im schlimmsten Fall erwächst aus solchen Alleingängen ein Krieg, mindestens ein Kaperkrieg oder eine Blockade«, grübelte er.

Arne schaute sinnierend durch sein Weinglas.

»Ich werde Eure Beobachtungen dem Rat zur Beratung vorlegen.«

In diesem Augenblick führte die Magd Tade Hansen herein, der vom Ratsherrn freudig begrüßt wurde.

»Du kommst wie gerufen, Tade.«

Der Ratsherr erklärte Tade kurz und bündig, daß er plane, einen weiteren Transport von Ochsen zusammenzustellen, der vor dem Konvoi segeln solle.

»Dabei will ich nicht mitmachen, Arne.« Auch Tade hielt viele Worte für unnötig.

»Ohne den Schutz durch den Konvoi ist das viel zu gefährlich. Wenn das Schiff gekapert wird, habe ich mein ganzes Vermögen verloren. Nein, da mußt du dir einen anderen Partner suchen.«

»Wenn ich Euch recht verstehe, Tade, habt Ihr hauptsächlich Bedenken wegen der Kaperer. Ist das richtig?« wollte Ketel wissen.

»Das ist der Kern des Problems, ja. Man hört, daß die Seeräuber noch mehr Schiffe bemannen wollen als bisher.«

»Merkwürdig, ich höre zum ersten Mal von diesem Gerücht. Wo habt Ihr es her?« Ketel war verwundert.

»Oh, das weiß hier jeder«, warf Arne ein, »in Tondern und in Hojer sprechen alle davon.«

»Dazu gibt es zwei Anmerkungen zu machen«, sagte Ketel entschieden.

»Erstens werden natürlich keine Kaperzüge wie ein Feldzug geplant und in Marsch gesetzt. Zweitens ist zur Zeit ein ganz anderes Gebiet als die friesischen Inseln interessant, und das ist der englische Kanal. Für Seeräuber sind es denkbar günstige Verhältnisse, wenn eine solche Verwirrung herrscht wie im Kanal. Ihr müßt Euch mal in die Lage dieser Handelsschiffe von Übersee versetzen! Wochenlang sind sie unterwegs, und dann werden sie – unter Land schon, sie sehen bereits den Hafen – von den schnellen Fregatten der Engländer mit Kanonen wieder auf die offene See gezwungen. Zurück nach dort, von wo sie kamen, können sie nicht, denn Wasser und Proviant gehen zu Ende. Wo also sollen sie hin? Sie werden nach Frankreich oder Holland ausweichen, und genau dort würde ich mich als Kaperer auf die Lauer legen. Was bedeuten schon unsere paar Ochsen gegenüber den kostbarsten Handelsgütern aus Übersee. Ja, ich glaube sogar, daß die Zeit für einen Alleingang vor dem Konvoi außerordentlich günstig ist...«, schloß er nachdenklich.

»Und noch etwas. Dieses Gerücht ist so unwahrscheinlich, daß es klingt, als habe es jemand in Umlauf gesetzt. Jemand, der verhindern will, daß andere Leute Schiffe auf eigene Faust losschicken.«

Ketel sah die anderen fragend an.

»Fällt Euch dazu was ein?«

Tade blickte erschrocken auf, Arne runzelte die Stirn, und sie sagten gleichzeitig:

»Der Amtmann!«

»Der Amtmann«, erklärte Arne dem Kapitän, »hat gegen jeden guten Geschäftsbrauch seine Kommissionäre bei den Bauern herumgeschickt und hat sie eingeschüchtert, damit sie ihm liefern und ihren langjährigen Partnern absagen. Anderen Bauern hat er seine Magerochsen auf die Weide gestellt und sagen lassen, er wolle ihnen die Weide bezahlen, wenn sie die Ochsen aus gutem Willen nicht gräsen lassen könnten. Und die meisten hatten solche Angst, daß sie sich beeilten, ihm ihren guten Willen zu beweisen.«

»Ja, das hört sich glaubhaft an«, meinte Ketel. »Ich wußte aber gar nicht, daß Euer Amtmann auch mit Ochsen handelt.«

»Er befaßt sich mit allem, was Geld bringt«, sagte Arne grimmig.

»Wenn demnächst die Pferdeäpfel teuer würden, würde er damit handeln.«

Tade war derart aufgebracht über die unlauteren Praktiken des Amtmanns, daß er beschloß, sich am geplanten Transport zu beteiligen, zumal ihm einleuchtete, daß die Kaperer mit anderen Dingen beschäftigt sein würden.

»Hoffentlich legt der Herzog dem Schurken mal das Handwerk!

Merkwürdig ist das alles«, fuhr er fort. »Der Amtmann kann nicht lesen und schreiben, will aber die Stadt regieren. Ich kann lesen und schreiben, darf aber nicht einmal Ochsen verkaufen. Meine Tochter möchte die Schule besuchen, und das wird ihr verwehrt, weil sie ein Dorfkind ist. Manchmal glaube ich«, sinnierte er vor sich hin, »man müßte die Welt mal auf den Kopf stellen.«

Der Seemann musterte den Bauern interessiert. Auf ganz anderem Wege war dieser offenbar zu ähnlichen Gedanken gekommen wie er selber. Und er, Ketel, hatte die Freiheit der See gewählt, ein Bauer aber hatte nichts zu wählen.

Der Ratsherr Arne nickte zustimmend.

»Ich muß dir beipflichten. Mir werfen die anderen Kaufleute zum Beispiel vor, ich triebe Verrat am Stand und an den Interessen von uns allen. Sie würden mir am liebsten Fesseln anlegen. Einstweilen haben sie sich damit begnügt, den Herzog um Hilfe anzurufen, euch Bauern den Marsch zu blasen. Aber wer weiß, was sie sich noch ausdenken.« Er schüttelte den Kopf. »Jeder wird auf seine Weise eingeengt, Tade, nicht nur ihr Bauern.«

»Wartet nur ab«, versuchte der Kapitän sie zu beschwichtigen, »in den Niederlanden bahnt sich bereits etwas an, was man vielleicht als persönliche Freiheit bezeichnen könnte. Hier werden auch einmal die Schranken fallen, glaubt es mir.«

Heiter erhob er sich und verabschiedete sich, denn alles Wichtige war gesagt, und noch viel war zu tun.

5. Im Krug zum Löwen

Im Löwen saßen die beiden Fischer auf harten Bänken am Ende eines langen Tisches. Vor sich hatte jeder einen Krug Bier, es waren mittlerweile mehrere geworden, aber angesichts ihres großen Schreckens war das zu verstehen. Die Kosten würde Kapitän Ketel übernehmen, deshalb konnten sie es sich leisten, sich selbst so üppig zu bewirten. Anfangs hatten sie noch ganz unter dem Eindruck des Toten gestanden; sie waren entsetzt gewesen und ratlos, allmählich aber, in der Wärme des Wirtshauses, war die Beklemmung einem Gefühl der Gleichgültigkeit gewichen. Anfangs hatten sie auch darüber zu sprechen versucht, und ohne sich darüber zu verständigen, jedesmal geschwiegen, wenn ein Fremder in Hörnähe gekommen war, daher war ihr Wortwechsel etwas stockend vor sich gegangen. Mittlerweile saßen aber auch andere Leute an ihrem Tisch, und so waren sie in eine ganz gewöhnliche Unterhaltung mit einbezogen worden.

Auch ein vornehmer Herr, Bürger der Stadt oder Fremder, das wußten die Fischer nicht, hatte sich zusammen mit einem Verwandten – wohl sein Sohn – hierher verirrt. Der Ältere sah leidend aus, griff sich mit der Hand wiederholt unter seinen Umhang und stöhnte leise. Er trug eine vornehme, altmodische Halskrause, kurzes Haar, wie es die Kragenmode verlangte, und einen Vollbart, während der Jüngere nach neuester holländischer Art mit einem weitgefächerten weißen Halstuch statt eines Kragens geschmückt war. Entsprechend trug der junge Mann die Haare viel länger, ja so lang wie es eben noch schicklich war: er wirkte überhaupt etwas geckenhaft. Da er ein Taschentuch an die Nase führte und seinem Unbehagen über die Gerüche und den Lärm deutlich Luft machte, zog er bald die Aufmerksamkeit seiner Tischnachbarn auf sich.

»Du bist dir wohl zu gut für uns hier«, rief einer der Leute gewollt unhöflich. Er war sichtlich am Hafen tätig und entsprechend bekleidet, grob von Gesicht und von Sprache, jedenfalls keiner, den ein besserer Bürger eines Blickes würdigen würde.

»Der versteht uns doch gar nicht«, brüllte ein anderer lachend, »der sieht doch wie ein hochwohlgeborener von und zu Deutscher aus.«

»Stimmt das?« ein anderer sprang auf, machte höhnisch eine tiefe Verbeugung vor den beiden, »versteht ihr kein dänisch?«

Der Jüngere der beiden Angesprochenen erhob sich wütend, obwohl der Ältere versuchte, ihn zurückzuhalten und sagte auf plattdeutsch zwar, das sie als Tonderaner alle verstanden und sprechen konnten, ob Dänen, Friesen oder Deutsche, das bei ihm aber einen fremdländischen Zungenschlag hatte: »Ist es hier Sitte, fremde Kaufleute anzupöbeln? Da, wo ich herkomme, würde man Leute wie euch schnell ins Loch stecken.« Und schon wurde er unterbrochen von einem aus der Gruppe, die jetzt aufmerksam zuhörte, bereit, einen Streit anzufangen, wenn er sich bot.

»Von wo denn, wenn's erlaubt ist zu fragen?«

»Es ist erlaubt«, sagte der junge Kaufmann, der den Spott gar nicht verstand; hochnäsig fügte er dann hinzu: »Aus Wismar«, und richtete sich auf, sichtlich stolz, der Kaufmannsgilde einer alten Hansestadt anzugehören.

»Und warum geht ihr nicht in den Ratskeller oder in den Goldenen Schwan, wo ihr hingehört? Haben sie euch dort rausgeschmissen, weil sie euer Bier nicht wollen?« Ein dröhnendes Gelächter der Anwesenden erfüllte den Raum. »Uns könnt ihr es ruhig vorsetzen, wir sind nicht so wählerisch wie die Ratsherren, Rostocker und Hamburger können wir uns gar nicht leisten. Unsereins trinkt Kakkebille, wenn es hoch kommt«, meinte ein anderer.

Der junge Kaufmann erwiderte, noch gereizter als vorher: »Unser Bier steht dem Rostocker in nichts nach. Aber der Rat will einfach nicht wahrhaben, daß es gut ist und hat dem Pächter des Ratskellers erneut verboten, unseres oder das aus Stralsund auszuschenken.« Er war zutiefst gekränkt, mehr über die Bierangelegenheit als über die Leute, deshalb erklärte er ihnen auch bereitwilligst die Sache, obwohl sein Begleiter unwillig den Kopf schüttelte.

»Ja, das sieht dem Rat ähnlich«, meinte einer. »Die machen da sicher einen Kuhhandel nach der Methode: Kaufst du meine Klöppelspitzen, nehm' ich dir dein Bier ab.«

»Was kümmert's uns!« Der Wortführer der Gruppe, der, der zuerst gesprochen hatte, sprang auf, zeigte auf den Fremden und rief: »Kaufmann bleibt Kaufmann, gleich ob aus Wismar oder Tondern, und die deutschen Kaufleute halten alle zusammen. Ihr braucht mit denen wirklich kein Mitleid zu haben; wenn sie ihr Bier hier nicht verkaufen, dann eben woanders. Von dem, was die an einem einzigen Faß verdienen, lebt ihr mit eurer Familie wochenlang.«

»Jawohl, schert euch hier raus«, riefen mehrere.

Der eine Fischer – beide hatten sich bisher zu den Fremden nicht geäußert – sagte ruhig, aber mit Nachdruck und gut verständlich für alle: »Hört auf, sie anzupöbeln, sie gehen euch nichts an; der alte Mann will sowieso nur in Ruhe gelassen werden, ihr seht doch, er ist krank.«

Der Wortführer aber schrie erbost: »Was kümmert's dich denn, du Aalstecher! Du bist doch genauso fremd hier wie die da«, und wies mit dem Kopf auf die beiden Wismaraner.

Der Fischer stand in Ruhe auf, ließ seine große und breite Gestalt in vollem Umfang sehen und sagte: »Höre mal, du kleine Hafenratte, so viel ich weiß, genießt du hier auch nur Gastrecht. Bist du nicht Claus Hasenfuß aus der Wulfstraße?«

Der Angesprochene erbleichte, sprang unter dem Gelächter der übrigen, die dabei riefen »nicht Hasenfuß – Hinkefuß!« wütend zum Fischer und riß ihm den Bierkrug aus der Hand. Während der Fischer noch langsam aus der Enge von Tisch- und Bankbeinen herauskletterte, zog er sich vorsichtshalber ans andere Ende des Raumes zurück. Der Fischer jedoch fixierte den kleinen Unruhestifter mit lächelndem Gesicht, durchquerte den Raum mit wenigen Schritten und packte den Kleinen vorn an der Jacke.

»Ich könnte dich an der Wand zerquetschen, ist dir das klar?« fragte er drohend und stemmte seinen Gegner in die Höhe. Hinter ihm schloß sich ein Halbkreis von Leuten, die teils nur zusehen wollten, teils aber auch bereit waren, in den sich anbahnenden Kampf einzugreifen.

»Du läßt jetzt den kranken Herrn in Ruhe, und damit er sich nicht aufzuregen braucht, auch den Jungen mit dem Firlefanz am Hals, hast du verstanden?«

Während die Leute, nun wieder entspannt, leise lachten, ließ er den Hinkefuß herunter und ging gemächlich an seinen Platz zurück, und auch der Kreis von Zuschauern löste sich auf. Hitzig war man für gewöhnlich nicht in dieser Gegend, es kam nur selten zum Streit und zu Schlägereien kaum. Allerdings lagen bei manchen in dieser unruhigen Zeit die Nerven etwas dichter an der Oberfläche und konnten auch schneller zur Reaktion gebracht werden.

Der große Fischer schickte sich eben an, hinter seinem Kameraden auf die Bank zu klettern; seine gutmütige Frage, warum dieser denn nichts sage, blieb unbeantwortet, denn des anderen Kopf lag auf der Tischplatte, zwischen den ausgestreckten Armen. Er war tot. In der plötzlichen Stille derjenigen, die ihn umstanden, hörte man, wie der Fischer erschrocken die Luft einsog.

»Hat ihn jemand angerührt, jemand geschlagen?« fragte er mit gepreßter Stimme, hoffend und dennoch wissend, daß es nicht so war. Erstauntes Kopfschütteln bei allen. Der Fischer trat langsam zurück, mit Entsetzen in seinem Gesicht, und ohne zu wissen warum, folgten ihm die anderen, so daß sie schließlich im Halbkreis um den Toten standen.

»Es ist die Pest«, flüsterte er, »ich wußte es!«

Einer lachte höhnisch auf. Wer klug war und erfahren und menschliche Verhaltensweisen kannte, der konnte dahinter die Angst hören, der alte Kaufmann zum Beispiel.

»Gerhard, wir müssen hier weg, sofort«, flüsterte er seinem Sohn zu. »Wenn die dem Fischer glauben, dann gnade uns Gott, dann richten sie ihre Wut auf uns.«

»Aber wir haben doch nichts damit zu tun«, antwortete der junge Mann störrisch und nicht bereit nachzugeben, wo er sich im Recht fühlte.

»Unser Leben ist in Gefahr, glaube es mir«, wisperte der Alte nochmals eindringlich, und da er bereits aufstand, blieb dem Jungen nichts weiter übrig, als ihm zu folgen. Schritt für Schritt näherten sie sich der Tür. Den leisen Luftzug, der entstand, als sie die Tür vorsichtig öffneten, bemerkte keiner.

»Die Pest«, rief der, der eben gelacht hatte, höhnisch. »Die gibt es doch schon lange nicht mehr, seit Jahren haben wir keine gehabt.«

Und ein anderer: »Die Toten sehen anders aus, man sieht ihnen die Pestkrankheit an. Diesen hier hat bestimmt der Schlag getroffen, der sieht doch ganz aus wie ein Lebender!«

Ein Dritter wußte dieses zu berichten, ein Vierter jenes, schließlich redeten sie alle durcheinander, nur um nachzuweisen, daß dies nicht die Pest sein könne, und wurden dabei immer aufgeregter.

Schließlich ergriff der Fischer, der lange geschwiegen hatte, noch nicht einmal zugehört, wie es schien, wieder das Wort und sagte verzweifelt: »Es ist die Pest, glaubt mir, dieser hier ist bereits der zweite Tote!«

Sein Ernst und seine offensichtliche Angst begannen gerade auf die Leute einzuwirken und sie nachdenklich zu machen, da machte der Wortführer von vorhin wieder auf sich aufmerksam, indem er für jeden hörbar rief:

»Der macht sich doch nur wichtig, woher will er es denn so genau wissen? Sieht so ein Pesttoter aus? Nein! Er hat blaue Flecken und Beulen, ihr habt es selber gesagt, und die meisten von euch haben es auch selber schon gesehen. Und riecht so ein Pesttoter? Nein, er stinkt! Ich würde nicht mal in die Nähe von einem gehen, weil man es kaum aushalten kann. Dieser stinkt allerdings auch.« Sein Ton wurde zum Schluß leiser, und er brach plötzlich seine Rede ab. Die Leute stöhnten erschrocken. »Aber nach Fisch!« Er nahm seinen Monolog wieder auf, und die Leute atmeten erleichtert auf.

»Ja, Fischer war er, und wie ein toter Fisch stinkt er selber«, wiederholte er, berauscht von der atemlosen Stille und von der Tatsache, daß er die Meinung der Leute nach seinem Willen formen konnte.

»Und was tat er, als er noch lebte? Er unterhielt sich wie jeder andere! Tut das ein Pestkranker? Nein! Er stöhnt, schwitzt, ist bleich oder wechselt die Farbe wie ein Krebs, der gekocht wird, und hat hohes Fieber. Das alles hat dieser Fischer nicht gehabt. Nein, ich will euch sagen, was ihm fehlte!«

Und die Menschen drängten sich zusammen, begierig zu erfahren, was einer zu sagen hatte, der mehr wußte als sie.

»Der Alte hat ihn behext«, flüsterte er so, daß ihn trotzdem jeder verstand. »Aus Rache, weil ihr ihn rauswerfen wolltet.«

»Du wolltest ihn raushaben«, rief einer.

»Sei nicht so spitzfindig«, gab der Wortführer zurück. »Wo ist er denn überhaupt?«

Man sah sich um nach dem Alten und seinem Sohn, fand sie nicht, und sofort brodelte Empörung im Raum.

»Seht ihr«, rief der Kleine, »sie haben sich bereits aus dem Staub gemacht. Das ist der Beweis! Sucht sie, ihnen nach!«

Nun hatten zwar diejenigen, die weiter vom Toten entfernt waren, nicht alles mitbekommen, was gesagt worden war, auch waren natürlich Neuankömmlinge im Wirtshaus, die gar nicht wußten, worum es ging, aber unter dem Druck derjenigen, die dem Aufruf folgen wollten, strömten auch sie zur Tür und hinaus auf die Straße, dabei »Pest« und »Hexenzauber« rufend. Die Kaufleute waren natürlich längst verschwunden, und die Aufgewiegelten hatten keinen Anhaltspunkt, wo sie suchen sollten, deshalb teilten sie sich in mehrere kleine Gruppen, die sich auf verschiedenen Straßen aufmachten, die Stadt zu durchsuchen.

Der Fischer hatte unterdessen seine Machtlosigkeit erkannt, die Leute von der Wahrheit und der Gefahr zu überzeugen. Bewußt versuchte er die Panik zu unterdrücken, die in ihm aufkommen wollte, und allmählich gewann sein nüchterner Verstand wieder die Oberhand. Deshalb zwang er sich, ganz ruhig aus der Tür des Löwen hinauszutreten und zu seinem Boot zu schlendern, als ob er seinen Geschäften nachgehen wollte. Ohne sich lange mit dem Ausladen aufzuhalten, machte er sein Boot klar, und mit Hilfe seines Sohnes, der die ganze Zeit im Boot gewartet hatte und nun erschrokken dem Vater half, gelang es ihm, gegen den auflandigen Sturm abzulegen.

6. Hafenratten

Während die beiden Fischer im Löwen saßen, war das Wasser gestiegen. Nicht nur der Südweststurm war die Ursache, der das Wasser trieb und es allmählich in Richtung auf die Stadt drückte, sondern auch das Flußwasser, das aus der Schluxharde kam, und das sich aufstaute, nachdem die Schleusentore bei Ruttebüll geschlossen worden waren. Das war nicht als Notmaßnahme anzusehen, sondern als Routine, denn bei auflaufendem Wasser wurden sie immer zugemacht, um zu verhindern, daß die Flut bis weit ins Binnenland hochschwappte. Stand das Wasser im Fluß aber vorher schon hoch, so dehnte sich die Wasserfläche wegen des behinderten Abflusses natürlich noch weiter aus, und das war jetzt der Fall. Im Hafen konnte man es an den Booten sehen, deren Bordkante mittlerweile bündig mit dem Straßenniveau lag; der Mühlengraben war zum strömenden Mühlenfluß geworden, die Müllerkuhle war keine mehr, sondern ein großer See, in dem die Mühle schwamm, abgeschnitten vom festen Land. Die Sommerdeiche waren längst überschwemmt, nicht wie sonst, daß höchstens einmal einzelne Wellen hinüberkrochen, deren Wasser dann jenseits des Dammes versickerte, sondern das Wasser floß in der ganzen Länge des Deiches an der Stadt entlang über die Deichkrone. Am Südertor lag der Steindamm, noch eben sichtbar, trocken, aber es war abzusehen, daß das Wasser bald auf der Südertorstraße die Stadt erreichen würde, als erstes, wie jedesmal, den Armenblock unter Wasser setzend.

Die Einwohner Tonderns wurden vom Wasser nicht nennenswert belästigt. Hochwasser, das heißt Wasser in den Straßen der Stadt, war zwar nicht gerade alltäglich, aber es kam immer einmal wieder vor, sogar kleine Kinder hatten es schon erlebt. Niemand regte sich daher auf.

Aufgeregt waren jedoch die Ratten. Begonnen hatte es damit, daß sich in den letzten Stunden die Bevölkerung der hafennahen Häuser um einige Rattenfamilien vermehrt hatten, die sonst an den Kaimauern und im schilfigen, sumpfigen Gelände auf der anderen Hafenseite wohnten, die aber wegen des gestiegenen Wassers vorübergehend umziehen mußten. So waren sie alle zusammengerückt, es war ihnen sicher nicht besonders angenehm, aber es mußte sein, sie waren eine soziale Gemeinschaft. Nur die jungen Ratten, nicht mehr an die Mütter gebunden, aber auch noch ohne die Würde des erwachsenen Tieres, rannten zwischen den Familien umher, beschnüffelten einander, kämpften hier und da probeweise mit Altersgenossen und fanden die neuen Verhältnisse aufregend schön.

Inmitten dieser Aufregung war eine kleine schwarze Ratte aus einem der am Hafen liegenden Boote geklettert. Bei dem hohen Wasserstand war es nicht schwierig gewesen, an Land zu kommen, obwohl sie sich nicht ganz wohl fühlte. Während der ganzen Überfahrt und auch noch, als sie sich in das Flußboot hatte fallen lassen, war sie ganz munter gewesen, aber jetzt ging es ihr nicht mehr gut. Doch an Land mußte sie, das wußte sie instinktiv. Und so stieg sie mit leicht gesträubten Haaren und trüben Augen von Bord, dazu reichte die Kraft gerade noch aus, obwohl sie ihren Schwanz nicht mehr zu Hilfe nehmen konnte, weil er plötzlich viel zu schwer war. Sie taumelte vorwärts, weg vom Wasser, und erreichte schließlich den schmalen, schmutzigen Gang zwischen dem Löwen und seinem Nachbarhaus. Das leise Fiepen zog sie an, denn hier waren Artgenossen, das war zu hören, und sie hatte nur noch den Wunsch, sich in einem warmen Knäuel einer freundlichen Rattenfamilie zusammenzurollen und auszuruhen. Weil sie etwas unbeholfen war, machte sie mehr Lärm als sonst. Aufmerksam wurde sie daher von einigen Paaren dunkler Rattenaugen beobachtet, während sie selbst aus ihren verschleierten Augen nichts sehen konnte. Auch ihr Geruchssinn war schwer behindert, denn obwohl sie den Kopf immer wieder schüttelte, blieb die Nase voll von Schleim. Deshalb merkte sie auch nicht, daß die hier wohnenden Ratten von der großen grauen Art waren, vor der sie Angst hatte und deren Nähe sie normalerweise mied. Die zunächst kauernden Grauen witterten in die Luft. Hier war nicht nur der Duft der schwarzen Ratte zu spüren, der ihnen grundsätzlich unangenehm war, sondern noch etwas anderes. Aber was? Es jagte ihnen Angst ein.

Nun war das sicher keine Furcht vor einer kleinen Ratte, sondern eher vor etwas Unbekanntem, das gewissermaßen in der Luft lag. Und dieses Gefühl verursachte Zorn bei denjenigen, die sie spürten, sie wußten nur nicht, gegen wen oder gegen was. Und obwohl sie die kleine schwarze Ratte sonst wohl hätten passieren lassen, sprang ein großer grauer Familienvater sie jetzt an, einfach, weil nichts anderes in der Nähe war, das seine Spannung hätte lösen können.

Sie bot ihm keinen angemessenen Widerstand, ein Gegner war sie schon lange nicht mehr. Der große Graue biß ihr kurzerhand die Nackenwirbelsäule durch; sie war sofort tot. Danach zog er sich in den Kreis seiner Familie zurück, weiterhin mißtrauisch und aufmerksam witternd, denn das, was seine Angst ausgelöst hatte, war nicht verschwunden, im Gegenteil, es schien stärker geworden zu sein. Allmählich übertrug sich seine Unruhe auch auf seine Familie. Ihre Köpfe gingen aufgeregt hin und her, die rosa Nasenflügel pulsierten immer häufiger, und die Barthaare hörten gar nicht auf zu vibrieren. Sogar die Jungtiere des jüngsten Wurfs im Jahr, die noch gesäugt wurden, bemerkten die Spannung. Während sich die Weibchen ängstlich zusammenkauerten, versuchten die älteren Jungtiere, auf eine andere Weise mit der ungewohnten Situation fertig zu werden: sie zogen sich zurück aus dem Familienkreis und flüchteten in die Umgebung.

7. Stadtbettler

Der Armenvogt von Tondern wohnte in einer kümmerlichen Kate am Ostertor, nicht eben rühmlich für die Stadt, denn sie war eine Amtswohnung. Aber sie entsprach der Einstellung des Rats zu den Armen, der sich nämlich nicht für verpflichtet hielt, sie auf städtische Kosten am Leben zu erhalten. Und so wurde der Armenvogt auch nicht im eigentlichen Sinne für die Armen angestellt und besoldet, sondern mehr zum Schutz des Bürgers gegen Belästigung. Deshalb bestanden seine Hilfsmittel auch nicht etwa aus Lebensmitteln oder Kleidungsstücken, die er hätte zum Wohl der Bedürftigen verteilen können, sondern er hatte Peitsche und Wagen. Mit der Peitsche, die ihm alljährlich vertraglich neu vom Rat geliefert wurde, hielt er Ordnung, und den Wagen benötigte er, um Krüppel, die sich zu den Markttagen immer wieder aus der Umgebung einfanden, an die Stadtgrenze zu befördern.

Sein Ansehen war gering, und seine Besoldung niedrig. Sein Häuschen stand in der Nähe der Kate des Scharfrichters, und obwohl er anders als dieser nicht für unehrlich galt, konnte er niemals Bürger der Stadt werden, sondern war eben nur ein gegen Bezahlung geduldetes notwendiges Übel, dem es gestattet war, Einwohner zu sein.

Der Armenvogt war zutiefst verdrossen, schon lange, es war seine Grundhaltung. Als er noch sehr jung aus der Karrharde, seiner Heimat, gekommen war, ohne Kenntnisse, ohne Handwerk, das ihm vielleicht erlaubt hätte, sich dank der durch König Christian IV. aufgehobenen Zunftbeliebungen in Tondern niederzulassen, mußte er feststellen, daß niemand bereit war, ihn zu unterweisen, denn er konnte keine eheliche Geburt und unbescholtene Eltern vorweisen. So hatte er denn, nur um in der Stadt leben zu dürfen, zugegriffen, als man ihm das städtische Amt anbot; und das war Zufall gewesen, hauptsächlich, weil in der Verwirrung um das Gesetz des Königs viele Leute sich um eine Aufnahme in die nun freien Handwerkerverbände bemüht hatten und kaum jemand Interesse an einem wenig geachteten Amt hatte. Als er dann nach einigen Jahren begann, sein Ansehen höher als die festen Einnahmen einzuschätzen, war es zu spät, da merkte er, daß er in einer Sackgasse gelandet war, aus der er nicht mehr herauskonnte. Wer einmal Armenvogt war, konnte nichts anderes werden, denn er stand fast auf gleicher Stufe wie der Scharfrichter, allerdings wesentlich höher als dessen Knecht, aber das half ihm auch nicht.

Seinen Zorn über die gescheiterten Jugendträume legte der Armenvogt nun in seine Amtspeitsche und schwang sie meistens hingebungsvoll. Nur manchmal, da ließ er die Dinge umgekehrt laufen. Wenn ihn der Teufel ritt, hielt er nicht nur seine Peitsche zurück, sondern stachelte die Bettler an, damit sie die Bürger belästigten; nicht zuviel, damit die Bürger sich nicht beim Rat beschwerten, vor allem nicht, wenn Ratsherren in der Nähe waren, aber auch nicht zuwenig, denn merken sollten sie die Nadelstiche.

Gerade wollte er seine Kate verlassen, um seines Amtes in den Straßen zu walten, in denen der Markt stattfand, da trat ihm ein verhärmter alter Mann in ärmlicher Kleidung in den Weg.

»Was willst du?« fuhr er ihn an.

»Ich wollte Euch nochmals bitten, mir eine Bettelmarke zu gestatten«, bat der Mann demütig.

»Du willst dich wohl vor dem Arbeiten drücken? Du siehst doch ganz gesund aus. Du bekommst keine Marke!« entschied der Vogt übellaunig und trat dem Mann rücksichtslos auf die Füße.

»Nein, ich bin zu schwach zum Arbeiten, ich war lange krank, und jetzt nimmt mich niemand, auch nicht zu Hilfeleistungen«, versuchte der Mann es nochmals leise.

»Na, du wirst ja auch wieder kräftiger!«

»Aber wie denn, wenn ich in der Zwischenzeit nichts zu essen habe?« murmelte der Alte, nun allmählich verzweifelt.

Der Armenvogt hatte zwar kein Mitleid mit dem Armen, denn solche Anträge wurden ihm täglich gestellt, aber um ihn loszuwerden sagte er: »Gut, ich glaube dir, daß du bedürftig bist. Geh zum Hospital und sage, ich schickte dich. Die werden dir weiterhelfen.« Und um das Gespräch sichtbar zu beenden, schlug er mit der Peitsche leicht gegen die Beine des Alten und entfernte sich in Richtung auf den Marktplatz.

Dort war um diese Zeit schon Hochbetrieb. Nicht nur diejenigen, die dort Standrecht hatten, die Bauern und die einkaufenden Bürger, sondern wie üblich, wenn er nicht anwesend war, auch Scharen von Bettlern. Er hatte, anders als die vielen einkaufenden Hausmägde, keine Freude an Gedränge und Betrieb, denn wo es am dichtesten war und am heißesten herging, mußte er auch immer seines Amtes walten. Ein gellender Pfiff übertönte den Lärm der Ausrufenden und laut Feilschenden, die Geräusche der rollenden Karren und die Rufe der Tiere. »Aha, Laurens ist auch wieder in der Stadt«, sagte sich der Armenvogt und lief vor Wut rot an. Der hatte ihm gerade noch gefehlt. Dieser Laurens war in gewisser Weise eine Art Führer der Bettler, Lumpen und zwielichtigen Gestalten, und der Vogt hatte es immer dann besonders schwer, wenn er sich vorübergehend in Tondern aufhielt. Denn ein Tonderaner war er nicht und hatte deshalb keine Ansprüche auf Armenhilfe, mochten die Gründe so gut sein, wie sie wollten. Regelmäßig beförderte deshalb der Vogt diesen Laurens an die Stadtgrenze, worauf er für einige Wochen verschwand, um regelmäßig wieder aufzutauchen, immer an den großen Markttagen zu Pfingsten, zu Bartholomäus und zu Michaelis und häufig genug zwischendurch. Der Vogt hatte längst eingesehen, daß er gegen ihn machtlos war, denn sooft er ihn auch an den Rat abgeliefert hatte als Rädelsführer bei Aufruhr und unter ähnlichen Anklagen, war er wieder freigekommen. Liebend gerne hätte der Vogt wenigstens einen winzigen Anhaltspunkt dafür gehabt, was

Laurens, den Bettler, mit dem Rat verband. Er wühlte sich durch das Gedränge durch.

Am Ratshausbrunnen fand er Laurens, umgeben von einer prächtigen Schar zerlumpter Leute. Mit dem Peitschenstiel sich einen Weg bahnend, stand er schließlich vor Laurens, der erhöht auf dem steinernen Rand des Brunnenbeckens thronte. Es sah aus, als ob ein Herrscher einen unbotmäßigen Diener zitiert hätte. Der Armenvogt, der nicht dumm war und seit langem gelernt hatte, Situationen im Hinblick auf ihre Ungefährlichkeit oder auch ihre Gefahr einzuschätzen, vor allem wenn er in Ausübung seines Amtes allein mehreren anderen gegenüberzustehen hatte, spürte sofort, wie erniedrigend die Lage für ihn war und wurde noch gereizter. Seine Peitsche strich haarscharf an Laurens vorbei, ihn zu treffen, hätte er nicht gewagt. Denn Laurens war ein großer, fast stattlicher, noch junger Mann. Gekleidet war er wie ein Seemann in weite Pluderhosen und eine Jacke, und daß er sich vielleicht wie ein solcher vorkam, mochte auch erklären, daß er einen Vollbart trug, ein Privileg, das in Tondern den Ratsmitgliedern vorbehalten war. Ihm fehlte ein Arm, aber wo der ihm abhanden gekommen war, hatte er bisher noch niemals jemandem preisgegeben. Seltsam war, daß er nicht nur Plattdeutsch, Hochdeutsch, Friesisch und Dänisch, sondern auch Englisch sprach.

Laurens schüttelte überrascht den Kopf.

»Nun, Vogt, wie kommt es, daß du jetzt erst erscheinst? Der Markt ist schon lange offen. Nennst du das eine ordnungsgemäße Ausübung deiner Pflichten?«

Die Lumpengestalten, die Laurens umgaben – offensichtlich seine Hausmacht – kicherten leise. Der Vogt beachtete sie nicht. Seine buschigen Augenbrauen, die tief über die Augen herabhingen, zogen sich drohend zusammen. Mit Wut aber und Amtsgewalt allein war diesem Bettler nicht beizukommen.

»Seit dem Morgengrauen tue ich nichts anderes.« Er winkte lässig ab. »Aber was dich betrifft, du bist ja schnell wieder zurückgekehrt, nachdem ich dich erst in der vorigen Woche aus der Stadt hinausgeworfen habe.«

»Auch mich riefen meine Pflichten«, erwiderte Laurens erhaben. Erneutes Gelächter ging durch seinen Stab, von dem übrigens bei näherem Hinsehen kein einziger ein zugelassener Stadtbettler mit Bettlermarke war. Der Armenvogt bedauerte bereits, daß er sich durch den ihm bekannten Pfiff hatte herlocken lassen, denn solange Laurens und seine Leute nicht bettelten, gehörten sie unter die Obhut des Büttels, aber nun war es zu spät, zurück konnte er nicht.

»Wie wäre es, wenn deine Pflichten dich nunmehr vom Rathausplatz in die weniger vornehmen Gegenden rufen würden?« fragte der Armenvogt mit plumpem Spott.

»Oh, das wäre sehr schlecht, ich kann doch meinen Arbeitsplatz nicht verlassen«, meinte Laurens freundlich.

»Selbst wenn ich sehen könnte, womit du dich beschäftigst, du hast hier keine Arbeitserlaubnis, auch nicht vorübergehend, auch am Markttag nicht. Also mach, daß du von deinem Hochsitz herunterkommst, bevor ich dir einen anderen zuweisen lasse, draußen vor dem Osttor.«

Der Vogt war mittlerweile entschlossen, dem Geplänkel ein Ende zu machen.

Laurens überlegte.

»Kannst du lesen?« fragte er geheimnisvoll.

»Etwas«, antwortete der Vogt zögernd.

»Umso besser«, sagte Laurens, ohne zu erklären, wie er das meinte, und zog in aller Ruhe ein Papier heraus, das wie ein Dokument aussah, und eine lange Liste von Worten enthielt.

»Ich habe im Auftrag des Herzogs die Wagen zu zählen, die die Hauptstraße in beiden Richtungen passieren. Wegen des großen Zolls«, setzte er erklärend hinzu und übergab dem Vogt das Papier.

Der Vogt nahm es vorsichtig entgegen, musterte es und sagte mißtrauisch: »Aha«; und nachdem er eine Weile gelesen hatte: »So ist das also, jetzt sehe ich es auch. Aber die anderen Lumpen hier müssen gewiß nicht zählen, also macht, daß ihr fortkommt. Morgen kümmere ich mich um euch.«

Ein anderer junger Vagabund sagte grinsend: »Für mich gilt auch, was auf dem Papier steht.«

Laurens nickte zustimmend und gab den übrigen ein Zeichen, die, ohne ein Wort zu verlieren, langsam davonschlenderten.

Der Armenvogt traute Laurens zwar nicht über den Weg, er witterte eine Schurkerei, da er aber andererseits vermutete, daß ihn der Rat nicht unterstützen würde, ja, daß er durch gewisse Ratsmitglieder unterliegen würde, sah er keinen Sinn darin, sich selbst Schwierigkeiten zu machen. Statt dessen machte er gute Miene zum bösen Spiel und zog peitschenschwenkend davon.

Der junge Mann, der bei Laurens geblieben war, fragte ihn neugierig:

»Was steht denn auf dem Papier?«

Wortlos übergab ihm der andere das Dokument, er las oben:

»Schiffsliste!
5 Mühlsteine
30 Tonnen holländischer Hering...«

»Mein Gott, eine Ladeliste!« Lachend gab er sie wieder zurück. »Woher wußtest du ...?«

»Ich wußte es nicht. Aber wo der Landesherr noch nicht einmal darauf sieht, daß sein Amtmann lesen kann, kann es der Armenvogt erst recht nicht. Außerdem kommt der vom Dorf, hörtest du es nicht? Da konnte ich das leicht riskieren.«

»Du hast wohl keine gute Meinung vom Amtmann, obwohl du ...«

Laurens unterbrach ihn mitten in seiner Rede. »Sei still, nicht hier in der Öffentlichkeit! Hier kann uns jeder hören. Wir müssen uns übrigens dringend an die Arbeit machen. Wissen die anderen, wo wir uns treffen?«

»Ja, es ist alles abgesprochen«, sagte der junge Mann, und sie trennten sich mit einem Kopfnicken und gingen unauffällig in verschiedenen Richtungen der Hauptstraße davon.

Unterdessen hatte der Armenvogt wirkliche Arme aufgetrieben. Sie hatten tatsächlich die Stirn, auf den Stufen vor des Bürgermeisters Haus in der Großen Straße zu sitzen und streckten ihre mageren Arme nach den Vorübergehenden aus, die sie zwar rücksichtslos beiseite stießen, aber nichts desto trotz sich behindert und belästigt fühlten. Besonders unangenehm war es den Bürgern, wenn die schmutzigen und kranken Gestalten, häufig Krüppel, ihre Kleider anfaßten oder gar an ihnen rissen. Manche Bürgersfrau raffte dann mit Abscheu ihre Röcke enger an sich und nahm auch in Kauf, durch den Rinnstein waten zu müssen, nur um dem Gesindel zu entgehen. Der Rat hatte zwar versucht, Ordnung in die Bettelei zu bringen und vor allem, um des Bürgers Gefühle zu schonen, eine wöchentliche Bettelprozession organisiert, an der die lizensierten Bettler der Stadt teilnehmen durften; aber auch das hatte nicht verhindern können, daß Bettler und Krüppel ihre Gebrechen öffentlich zur Schau stellten, um den Bürger zu schockieren.

»Macht, daß ihr hier weg kommt!« rief der Armenvogt. Seine Peitsche fuhr zischend auf den Rücken einer Frau, und ihre Spitze traf einen Mann, dem ein Bein fehlte.

»Habt Erbarmen, Herr«, jammerte die Frau, »Ihr wißt doch, wie wenig uns die Bürger geben, laßt es uns doch wenigstens am Markttag bei Bauern und Händlern versuchen!«

»Ihr wißt, was der Rat euch befohlen hat und werdet euch daran halten! Wenn nicht, werdet ihr ausgewiesen«, sagte der Vogt barsch, nun nicht länger gewillt, den kürzeren zu ziehen.

Die Leute sahen ein, daß sie ihn heute nicht milder stimmen konnten, und zogen langsam in Richtung auf den Marktplatz ab.

»Laßt euch nicht einfallen, dort stehenzubleiben!« rief ihnen der

Armenvogt nach. »Ich kontrolliere später das ganze Nordostquartier!« Er selber aber ging vorerst die Westerstraße weiter in Richtung auf die Westerbrücke, hier und dort unerwünschte Einwohner wegscheuchend, auswärtige Bettler aber grob bedrohend.

Als er gerade in die Kuhstraße einbiegen wollte, hörte er aus der Hafengegend Rufen und das Geräusch von vielen Füßen. Näher herangekommen, konnte er heraushören, was gerufen wurde: »Hexe« oder »Hexerei«. Ihm näherte sich eine Gruppe von Leuten, die aus der Hafengegend stammen mochte, ein Teil war sichtlich angetrunken. Nun war die Kuhstraße, eine Verbindung zwischen Hafen und Westerstraße, zwar keine Marktstraße mehr, aber dennoch belebt, und die Gruppe löste sich auf, hier und dort willige Passanten mitnehmend, und so verstärkte sich der Zug. Es war klar, daß die meisten nicht wußten, ob sie jemanden suchen oder eine Nachricht verbreiten sollten. Auch der Armenvogt schloß sich an, vorbeugend gewissermaßen, denn die Menge würde selbstverständlich auch Krüppel und Bettler aufsaugen. Man bog in die Westerstraße ein, mittlerweile gröhlend und lachend, eine Frau rief schrill »greift sie«, aber augenscheinlich wußte keiner wen, denn niemand kümmerte sich darum. Der Armenvogt sah sich um: noch war kaum ein Städter dabei, ihm schienen es hauptsächlich Fremde und Leute aus dem Freigrund und dem Schloßbereich zu sein, die ihm nicht unterstanden, weil sie nicht zu den städtischen Belangen zählten. Ihm war allerdings, als ob er einige Männer aus der Gruppe um Laurens, den Bettler, wiedererkannte, sie redeten intensiv auf wechselnde Personen ein.

Der Zug strömte jetzt mit breiter Front durch die Westerstraße, sich vor den Marktständen öffnend, dahinter schließend. Kinder und Jugendliche beteiligten sich, begeistert ihre Stöcke schwenkend, Handwerksgesellen waren dazugestoßen mit ihren Spießen, die zwar verboten waren, aber wer kümmerte sich schon um die Durchführung aller dieser Verbote. Manche Waffe mochte später noch aus der Jacke herausgezogen werden, aber bisher war die Menge überwiegend friedlich, wenn auch einige drohende Töne zwischendurch laut wurden.

Ohne daß der Armenvogt es wissen konnte, waren durch die Spiekerstraße und die Wulfstraße ebenfalls Menschen unterwegs, die alle ein Anliegen zu haben schienen, wenn auch niemand genau wußte, welches. Und da der Markt allmählich zu Ende ging, zogen auch Bauern aus Neugier mit, durch die Südertorstraße zum Marktplatz. Allmählich füllte sich der Platz, Stände und Wagen wurden hastig beiseite geschoben oder geworfen. Der Markttag war unversehens zur Kundgebung geworden.

8. Pestverdacht

Inken liebte ihre Tante und war gerne in dem großen Stadthaus, das so anders war als die dörflichen Häuser. Daß es still war, weil kein Kinderlärm es belebte, störte Inken nicht, im Gegenteil, das genoß sie, denn zu Hause waren sie Kinder genug. Manchmal setzte sie sich ganz allein in den großen Saal auf die bunten Fliesen, obwohl in dessen Kamin außer an Festtagen kein Feuer angezündet wurde und er deshalb kalt war. Dort konnte sie stundenlang über alles Mögliche nachdenken. Wenn sie dann genug hatte, stieg sie majestätisch die Treppe in die Diele hinunter und stellte sich dabei vor, sie sei im herzoglichen Schloß. Unten in der Diele, in der ihr Onkel sein Geschäft betrieb, wechselte sie blitzschnell ihren Traum und stürzte sich kopfüber in das Handelsleben von Amsterdam. Still setzte sie sich irgendwohin, wo man sie kaum bemerkte, und nahm in Gedanken aktiv teil an der geschäftigen Tätigkeit eines großen Kaufmanns von Tondern. Der Onkel war stets am Verhandeln, rief Gehilfen zu sich oder schickte sie weg, und Kunden und Geschäftspartner kamen und gingen. Hatte sie genug von den Träumereien, verschwand sie in den Obergeschossen des Hauses, wo sich das kaufmännische Lager befand und die Schlafkammern der Mägde. Sie interessierte sich nur für das Lager. Die kostbarsten der Waren aus allen Ländern lagen hier gestapelt und katalogisiert, die anderen, sozusagen gröberen Dinge befanden sich in den Lagerhäusern des großen Grundstückes. Aber alles, was trocken und warm aufbewahrt werden mußte, lagerte hier. Es duftete nach Gewürzen und Tabak, und in den schon offenen Gebinden lag vieles, was Inken nicht kannte; hier gab es in großen Regalen einfarbigen und geblümten Samt, Seidenatlas, Seidendamast, Florettseide, spanischen Taft, Bordüren, Schnüre, französische Kurzwaren und noch vieles andere, das der Onkel ihr in seiner Freude über das wißbegierige Kind gezeigt hatte.

Das Schönste und Kostbarste, das Inken je gesehen hatte, war ein Humpen aus Glas gewesen, der für eine Hochzeit in der Familie Beyer bestimmt war. Darauf war in bunten Farben ein Paar zu sehen – eben das Hochzeiterpaar – und eine Kutsche mit 6 Pferden davor. Inken buchstabierte langsam den Spruch über den Tieren:

Wer mich austrinkt zu jeder Zeit,
dem gesegnet's die heilige
Dreifaltigkeit.
Auf Gott und das Glück
warten wir alle Augenblick
Anno Do 1649

Am etwas fremdartigen Text hatte Inken merken können, daß das Glas nicht von hier stammte, und daher hatte ihr der Onkel erklärt, daß der Humpen aus dem Bayrischen Wald weit im Süddeutschen komme, daß er aber gar nicht so kostbar sei, denn diese Herstellungstechnik sei schon lange Zeit bekannt, so modern sei sie gar nicht, viele Glashütten beherrschten sie, und daher sei ein solches Glas nicht gar so selten. Der Onkel winkte sie darauf aber zu einem abgeschlossenen Schrank, und dort zeigte er ihr etwas wirklich Kostbares: eine Flasche und ein Schälchen aus Eisglas, die aus Venedig stammten. Das sei schon fast der halbe Weg nach China, erklärte er, und die venetianischen Glashütten hüteten immer noch das Geheimnis der Herstellung.

»Und das Sonderbarste an der ganzen Angelegenheit«, hatte er ihr damals erklärt, »ist, daß diejenigen, die in fremde Städte auszuwandern versuchen, dort von gedungenen Mördern umgebracht werden, so daß sie die Kunst des Glasblasens nicht ausplaudern können.« Inken schrie vor Schreck leise auf.

Ihre Neugier wurde lächelnd geduldet, Onkel und Tante fanden beide, sie solle ruhig etwas zu sehen bekommen, wenn sie schon in der Stadt war, und so hatte sie viel mehr Freiheit als sie gewöhnt, und vor allem, als üblich war.

Manchmal verschwand sie dann in den Randbezirken der vornehmen Kaufmannswelt, in den Lagergebäuden, der Schmiede, den Ställen. Sie konnte stundenlang abwesend sein, aber da sie immer wieder rechtzeitig auftauchte, ohne daß man sie jemals mahnen mußte, zu den Mahlzeiten etwa, oder zum Kirchgang, war es seit ihrem ersten Besuch zur Gewohnheit geworden, daß man sie gewähren ließ. Inken nahm jetzt ganz selbstverständlich diesen ihr liebgewordenen Brauch wieder auf; zuerst aber mußte sie unbedingt mit der Tante plaudern.

Die Tante saß in der Döns, beschäftigt mit ihrer Buchführung. Sie sah auf, als Inken eintrat. Man konnte ihr ansehen, daß sie eine vornehme Dame war: ganz im Gegensatz zu einigen neureichen Bürgersfrauen begnügte sie sich mit einem einfachen Rock aus Tuch. Um ihretwillen brauchte der Rat keine Erlasse herauszugeben. Sie hatte es nicht nötig, den Samtstreifen darin zu strecken, was übrigens ebenfalls verboten war, aber von gewissen Bürgerinnen genausowenig befolgt wurde. Sie prunkte auch nicht mit Perlenketten, wie eben dieselben Frauen; ihr war eine einfache breite Goldkette Schmuck genug. Wie sie es aus ihrer Jugend gewöhnt war, trug sie eine Haube aus Samt über einem weißen Kopftuch, dazu die passende gebleichte Halskrause. Amidam zum Färben kam ihr nicht ins

Haus! Auch diese Stärke war schon Gegenstand der ratsherrlichen Beratung gewesen.

»Nun Inken«, sagte die Tante erfreut, »kommst du mich besuchen, bevor du wieder ins Lager verschwindest?«

»Nein... oder eigentlich doch«, gab Inken zu.

»Macht es dir denn solche Freude, Kind?« wollte die Tante wissen.

»Es ist herrlich«, schwärmte Inken. »Es ist fast, als ob ich selber in den Ländern wäre, wo dies alles hergestellt und verkauft wird.« Sie spielte verlegen mit den Zöpfen, und faßte sich dann ein Herz.

»Ja, Kind?«

»Würdet Ihr mir erlauben, während ich in Tondern bin natürlich nur, die Haare offen zu tragen, Tante?«

»Oh Inken!« Die Tante schwieg eine Weile, sichtlich bekümmert. »Du könntest mich um alles Mögliche bitten, aber darum? Sieh mal, es ist eine, wie soll ich sagen, fast frivole Modetorheit. Ich würde sie dir verbieten, auch wenn du meine eigene Tochter wärst.«

»Aber ich habe junge Mädchen gesehen, die so frisiert waren«, wandte Inken hartnäckig ein. »Bitte, Tante.«

»Ja ich weiß, auch junge Mädchen von Stand legen heute die Haube ab.« Die Tante schüttelte entrüstet den Kopf. »Es ist schon genug, wenn eine Bürgerin nach holländischer Art gekleidet geht und das Kopftuch ablegt, aber ich kann nicht zustimmen, wenn sie sich ganz ohne Bedeckung zeigen will, noch dazu vielleicht mit goldenen Schnüren im Haar. Nein, das schlage dir aus dem Kopf, Inken.«

Inken nickte traurig.

Die Tante fuhr versöhnlich fort: »Und sieh mal, Inken, zumindest passen die offen getragenen Haare zu den gebauschten Kleidern – die ich übrigens ebensowenig mag – genauso wie deine Zöpfe zur Tracht deines Dorfes gehören. Aber buntgescheckt wolltest du doch etwa nicht gehen... das wäre wie ein Pferd, das vorne seine eigene Mähne hat und hinten den Quast einer Kuh.«

Inken mußte lachen, wenn sie auch etwas unglücklich wirkte. Ihre Tante hatte einen Einfall.

»Weißt du was, wir suchen dir aus Onkels Lager eine schöne Samtbordüre aus. Die darfst du mit nach Hause nehmen, dagegen hat auch dein Vater sicher nichts einzuwenden.«

Inken flog der Tante um den Hals, wenngleich sich dies ebenfalls nicht schickte, und war schon wieder auf und davon, bevor die Tante noch etwas sagen konnte.

Sie befand sich gerade in den hintersten Teilen des Stavengrundstückes, als hinter dem großen Tor Lärm ertönte, der sie neugierig machte. Einzelrufe konnte sie zwar verstehen, aber ihren Inhalt nicht deuten, und daher mußte sie einfach die Pforte im Tor öffnen und hinausspähen. Einige zerlumpte Jungen mit Stöcken rannten johlend vorbei, schrien ihr etwas Unverständliches zu und waren schon vorüber, als Menschen eingehakt und singend an Inken vorbeizogen.

»Ein Umzug?« dachte Inken. »Tante hat gar nicht erwähnt, daß heute ein Fest stattfindet.«

Und ehe sie in die Pforte zurückschlüpfen konnte, zog eine dicke Frau sie einfach mit. Sie hätte zwar kaum Widerstand leisten können, sie wollte aber auch nicht, ihre Neugier war viel zu groß. Und so befand sich Inken schon eine Weile mitten im Zug, bis sie bemerkte, daß einige Leute pausenlos »Hexe, Hexe« skandierten, und da erst wurde ihr bewußt, daß die zum Teil zerlumpten Gestalten nicht zu einem städtischen Festzug der Bürger gehören konnten.

»Es ist besser, ich gehe zurück«, dachte sie und versuchte vorsichtig, sich aus dem Griff der Matrone zu befreien. Aber ob diese nun aus lauter Inbrunst oder aus Bösartigkeit Inken noch fester einklemmte, war nicht klar, jedenfalls konnte das Mädchen nicht heraus. »Frau Nachbarin, ich muß jetzt nach Hause«, rief sie der Frau ins Ohr. »Laßt mich bitte los.«

»Aber Täubchen, der Spaß geht doch erst los, den mußt du dir ansehen. Warte, bis wir erst auf dem Markt sind!« antwortete diese ihr ruhig und fast freundlich.

So lief Inken widerwillig mit, jedoch bereit, bei der ersten besten Möglichkeit zu entwischen. Die Frauen in der Menge waren inzwischen dazu übergegangen, im Takt zu ihren Schritten »Hexe« zu rufen. Die Köpfe der Rufenden gingen bei jeder Silbe ruckartig nach vorne, und sie schienen beinahe entrückt zu sein. Inken ahnte, daß die Nachbarin sie gutwillig nicht entlassen würde. Sie bekam es mit der Angst zu tun.

Die Gruppe blieb bis zum Marktplatz formiert. Dort angekommen, löste sie sich sofort auf, wurde durchdrungen von den vielen, die bereits dort standen und ihrerseits den Ruf aufnahmen. Inken atmete auf, sie sah ihre Gelegenheit gekommen, aber als wenn sie es geahnt hätte, hielt die Frau sie nur noch fester. Inken beschloß daher eine andere Taktik.

»Frau Nachbarin, sagt mir doch, was dies hier für eine Versammlung ist«, bat sie.

»Das weißt du nicht? Na, wenn ich ehrlich sein soll, ich auch nicht ganz genau, aber am Hafen sind zwei Leute plötzlich gestorben, und die soll jemand aus Freesmark behext haben«, antwortete die Frau unwillig. Sie wollte wohl nicht gestört werden, denn sie blickte zum Rathaus, als ob dort etwas geschehen würde, der Mund stand leicht offen, und sie atmete schwer. Schweißtropfen an ihren Schläfen zeigten, daß ihr warm war, obwohl Inken es für kühl hielt. »Hexe« stimmte die Dicke wieder in die Rufe der anderen ein.

»Aber was für ein Unsinn«, rief Inken aus, »Hexen gibt es doch gar nicht!«

»Was sagst du?« Die Matrone sah sie mißtrauisch an. »Jeder weiß, daß es Hexen gibt. Die Welt ist voll davon! Erst wenn sie vom Erdboden vertilgt sind, kann unsereins in Ruhe leben«, sagte sie salbungsvoll.

»Aber nein! Ihr braucht keine Angst zu haben«, wollte Inken die Frau beruhigen. »Ihr fürchtet Euch völlig grundlos vor Hexen, glaubt mir! Vater sagt...«, hier brach Inken erschrocken ab, sich erinnernd, daß der Vater sie gewarnt hatte.

»Was, auch dein Vater behauptet das? Ihr stellt die Welt auf den Kopf! Das ist Gotteslästerung!« kreischte die Frau und sah sich beifallheischend um. Inken erschrak zutiefst. In ihrer Erregung vergaß die Frau jedoch einen Augenblick, daß sie Inken festhalten mußte, und das Mädchen riß sich mit einem Ruck los und schlängelte sich blitzschnell aus ihrem Bereich hinaus.

»Hexe, Hexe«, kreischte die Frau ihr nach, aber da sich dies nicht von dem unterschied, was auch andere riefen, wußte niemand, daß die dicke Frau Inken meinte.

Inken stieß und boxte sich wie um ihr Leben durch die Leute und kam schließlich aufatmend am Rande des Gedränges zu stehen. Niemand verfolgte sie, aber in ihrer Angst rannte sie erst mal die Straße hinunter, nur weg von hier! Als sie endlich nicht mehr weiter laufen konnte, sank sie auf eine Beischlagtreppe nieder. Sie sah sich um und wußte gar nicht, wo sie war, die Straße war ihr völlig unbekannt. Nachdem sie sich ausgeruht hatte, machte sie sich seufzend auf den Weg, der ihr der richtige schien, nicht zurück, wo sie hergekommen war, sondern im großen Bogen auf einer Straße, die sie, wie sie hoffte, keinesfalls auf den Marktplatz zurückführen würde. So kam sie in die Pfeffergasse, in die Nähe des Hafens, aber ohne daß die dort lärmenden Betrunkenen sie sahen, bog sie hastig wieder um die nächste Ecke. Hier fühlte Inken sich beinahe schon zu Hause, denn die Speichergebäude zeigten ihr, daß sie in einer der Straßen Hinter den Ställen stand. Mit einem Blick zur bleich durch die Wolken schimmernden Sonne rechnete sie aus, daß diese Straße weiter ostwärts in die Straße Hinter den Östlichen Ställen übergehen müßte, in der die Lagerhäuser des Onkels standen. Zuversichtlich machte sie sich auf den Weg. Ängstlich war sie eigentlich nicht, vorhin nur etwas erschrocken. Aber lästig war es, in dieser Straße zu gehen. Hier sah es fast aus wie im Dorf zu Hause. Immer wieder mußte sie den Misthaufen ausweichen, die entsprechend der Stavenordnung auf der Straße aufgesetzt werden durften, und wo auch Schweine wühlten und Hühner pickten. Laute Stimmen in einiger Entfernung hinter ihr ließen sie ihren Schritt ungeachtet des Schmutzes beschleunigen. Kurz vor der Kreuzung der Kleinen Straße sah sie sich plötzlich in einer Gruppe von jungen Leuten eingekeilt, die zornig aufeinander einschlugen und dabei die ganze Straße blockierten. Wohin? Sie konnte unbemerkt weder vor noch zurück. Plötzlich wurde sie von der Seite angesprochen.

»Jungfer, nehmt meinen Arm, ich werde Euch hindurchgeleiten.« Neben ihr stand ein junger Mann, gekleidet wie ein vornehmer Bürger, dabei als Seemann kenntlich an der goldenen Ankernadel und den goldenen Ohrringen. Er hatte ein klares, freundliches Gesicht, und lächelte sie an.

»Ich sehe wohl, Ihr seid nicht gewohnt, von Fremden angesprochen zu werden. Ich bemerkte Euer Dilemma und hielt mich für das kleinere Übel, verglichen mit den Straßenjungen. Meint Ihr nicht?« Er lachte. Inken errötete. Ohne die Gegenwart ihres Vaters hatte sie noch nie mit einem ihr unbekannten Mann gesprochen. Und in Lügum kannte sie alle. Aber da sie sich nun schon auf einen abenteuerlichen Weg begeben hatte, beschloß sie beherzt weiterzumachen und stimmte ihm zu:

»Ob Ihr ein kleineres Übel seid, kann ich nicht beurteilen, aber wenn Ihr ein Übel wäret, dann sicher ein großes und kein kleines.« Und sie blickte mit Schalk in den Augen an dem langen Seemann hoch.

»Ihr seid ja eine muntere junge Dame, aus Tondern könnt Ihr wohl kaum sein?« Der junge Mann sah Inken forschend an, denn für eine Jungfer aus den Bürgerkreisen von Tondern war sie zuwenig zurückhaltend.

»Das war nicht schwer zu erraten, Ihr könnt ja an meiner Kleidung sehen, daß ich hier fremd bin.« Inken errötete leicht. Sie ärgerte sich darüber, daß sich die Städter über ihre ländliche Tracht lustig machten.

»Ja, ich bemerkte, daß Ihr eine Tracht tragt, ganz ähnlich wie Frauen und Mädchen in meiner Heimat. Nur haben sie rote Ärmel am Alltag, blau ist für Festtage«, sagte der Kapitän heiter.

»Wirklich?« fragte Inken ungläubig. »Haben sie etwa auch diese kurzen Röcke?«

»Ganz genauso – ach, Ihr macht Euch darüber Gedanken?« fragte Ketel, der nun begriff.

»Ja, nun... für Lügum sind sie gut, aber hier? Ich falle so entsetzlich auf damit«, murmelte Inken verlegen.

Der junge Mann grinste mitfühlend.

»Ich bin Inken, die Tochter von Tade Hansen aus Lügum«, erklärte sie daraufhin, um dem Gespräch eine andere Wendung zu geben.

»Mit Tade Hansen aus Lügum habe ich gerade eben gesprochen«, antwortete Ketel erstaunt. »Aber er hatte keine Tochter bei sich!«

»So wart Ihr gewiß beim Ratsherrn Arne Mickelsen! Dahin nimmt er mich nie mit. Ich bleibe solange bei meiner Tante in der Osterstraße. Wer seid Ihr denn überhaupt? Der Ratsherr könnt Ihr ja wohl nicht sein.«

Der junge Mann lachte laut auf. »Nein, ich bin Ketel Frerksen aus Sylt, Kapitän der »Hoffnung«. Ich fahre für Arne Mickelsen und werde auch bald für Euren Vater Fracht nach Holland segeln.«

»So, werdet Ihr das? Dann wird sich meine Mutter wieder wochenlang ängstigen. Aber ich, ich würde gerne mitsegeln!« rief Inken strahlend aus, als ob sie bereits kurz vor der Abfahrt stünde.

»Jungfer Inken, das wird wohl nicht gehen. Das ist nicht üblich. Nur auf Auswandererschiffen nimmt man Frauen notgedrungen mit, aber auf einem Handelssegler würden die Seeleute sich weigern, mit einer Frau an Bord abzulegen«, meinte Ketel mit einem Unterton des Bedauerns.

»Warum?« fragte Inken verblüfft.

»Sie glauben, mit einem weiblichen Wesen an Bord ginge das Schiff unter. Seeleute sind eben abergläubisch. Ihr müßt das verstehen!«

»Glaubt Ihr das auch?« fragte Inken.

»Oh, das kommt ganz auf die Umstände an.« Ketel kniff ein Auge zu und lachte. »Wenn ich eine alte verhutzelte Muhme mitnehmen soll, bin ich ganz einer Meinung mit meinen Matrosen. Wenn es aber um Euch ginge« – er musterte sie wohlwollend – »ich glaube, ich würde es mir überlegen.«

»Und ich glaube, Ihr nehmt mich auf den Arm.« Inken errötete wieder. Dem Kapitän gefiel dieses freimütige junge Mädchen. Ganz offensichtlich hatte sie von ihrem Vater Mut und Neugier mitbekommen. Aber natürlich konnte er ihr dies nicht sagen, und so begnügte er sich damit, ihr den Weg durch die wilde Horde zu bahnen, die die Straße respektvoll freigab, als Ketel Inken bestimmt und unerschrocken hindurchführte.

»So, Jungfer Inken, es ist zwar nicht mehr weit in die Osterstraße, aber ich begleite Euch dennoch, damit Ihr wirklich sicher ankommt. In Tondern ist es heute etwas unruhig.«

»Nein, nein, nicht zum Vorderhaus«, wehrte Inken heftig ab. »Es geht nicht anders, ich muß durch den Hintereingang ins Haus.«

»Warum denn das? Ich glaube, Euer Onkel und Euer Vater erwarten bestimmt, daß Ihr nicht wie ein Dieb hinten hereinschleicht. Oder habt Ihr etwa keine Erlaubnis gehabt, auszugehen und seid heimlich entwischt?« Ketel sah Inken forschend an. »Bei näherer Überlegung glaube ich wirklich, daß Euch niemand erlaubt hat, allein durch Tondern zu streifen.«

»Nein, das natürlich nicht.« Inken überlegte, ob sie Kapitän Ketel ihr erschreckendes Erlebnis mitteilen könnte und beschloß, es zu wagen. »Aber es ist noch viel schlimmer. Ich wurde nämlich gegen meinen Willen von einer Gruppe von Bettlern mitgenommen, und es war mir nicht möglich freizukommen, weil ich festgehalten wurde.«

»Ja, das ist schlimm.« Ketel sah sie mitfühlend an. »Aber das erklärt nicht...«

»Nein, aber wenn Ihr mich ausreden ließet, könnte ich Euch endlich erklären, was schlimm war«, unterbrach ihn Inken nun wütend, denn wie ein kleines Kind ließ sie sich nicht behandeln.

»Nur ruhig Blut, Jungfer, ich höre.«

»Es war so: die dicke Frau, die mich im Zug festhielt, hatte so merkwürdige Glubschaugen, während sie Hexe rief, so daß ich dachte, sie wäre starr vor Angst und versuchte, sie zu beruhigen. Aber als ich ihr versicherte, Hexen gäbe es gar nicht, wurde sie böse, und als ich ihr zum Beweis anführte, was Vater gesagt hat, da schrie sie wie besessen: ›Hexe, Hexe‹, aber zu mir! Stellt Euch das nur vor, Kapitän.« Inken war jetzt noch empört.

»Ja, da habt Ihr recht, das ist möglicherweise nicht ganz ungefährlich«, erwiderte Ketel, nun sehr nachdenklich. »Und wie kamt Ihr frei?«

»Ich riß mich los und lief weg. Kapitän, glaubt Ihr an Hexen?«

»An Hexen? Nein. Es ist etwas Merkwürdiges mit Hexen«, sagte Ketel. »Je mehr die Gerichte das Hexenunwesen aufs Korn nehmen, desto mehr Hexen kommen hervor, scheint es. Und wenn die Gerichte, wie in Holland, einfach ablehnen, sich damit zu befassen, dann gibt es plötzlich auch keine Hexen mehr. Glaubt Ihr mir das?« fragte er Inken.

»Das würde ich sicher tun, aber ich verstehe nicht, wie Ihr das meint«, antwortete Inken ehrlich.

»Es ist so«: sagte Ketel, »Solange die Obrigkeit Hexen für so wichtig hält, daß dafür Inquisitoren und Gerichte bemüht werden, tauchen immer wieder neue Hexen auf, von denen vorher keiner wußte, daß sie welche waren. Es werden immer neue angezeigt, immer mehr, immer mehr.« Er schüttelte den Kopf.

»Ah, Ihr meint, daß erst die Gerichte die Frauen zu Hexen machen?« schloß Inken scharfsinnig.

»Ja, genau«, bestätigte Ketel, »das meine ich, und wenn die sich nicht darum kümmern, dann deuten auch die Leute auf einmal keine Hexen mehr aus.« Er sann vor sich hin. »Diejenigen, die jemanden als Hexe anzeigen, wollen sich vielleicht nur wichtig machen. Irgend so etwas muß der Grund sein«, grübelte er. »Abgesehen von denjenigen natürlich, die einen ganz konkreten Grund haben, wie etwa, einen Konkurrenten aus dem Weg zu räumen und purer Neid, zum Beispiel. Aber zurück zu Euch. Ihr glaubt, wenn Ihr zum Haus in der Osterstraße ginget, könntet Ihr erkannt werden. Warum?«

»Sie stehen doch überall, auf dem Marktplatz, in der Großen Straße und in der Osterstraße. Seid Ihr denn nicht dort gewesen?« Inken war überrascht.

»Ich war zuletzt vor ungefähr zwei Stunden in dieser Gegend. Aber wer ist denn nun eigentlich dort? Wer sind die Hexenjäger?« fragte Ketel.

»Ich weiß es nicht, die Frau erzählte mir nur, am Hafen seien zwei Leute gestorben, und sie seien behext worden von jemandem aus Freesmark. Jedenfalls strömten von vielen Seiten die Leute auf den Marktplatz und riefen nach der Hexe.«

»Das ist ja merkwürdig, als ich am Hafen war – ich kam nämlich heute früh mit dem Boot an –«, erläuterte Ketel, »war noch alles ruhig. Es kann doch nicht sein, daß meine beiden Fischer etwas damit zu tun haben?« sagte er gedankenvoll.

»Warum Eure Fischer?« fragte Inken neugierig. »Meint Ihr, die Leute meinen die beiden?«

»Ach, ich überlege vor mich hin. Ihr könnt das nicht verstehen.« Aber als Inken sich verärgert abwandte, sagte Ketel hastig: »Wartet, ich erkläre es Euch. Ich sehe schon, Ihr pflegt den Dingen auf den Grund zu gehen.«

Ketels Reue nahm Inken gleichmütig zur Kenntnis, denn es traf zu, was er sagte, und sie wartete auf seine Erklärung.

»An Bord meines Schiffes ereignete sich ein trauriger Vorfall: ein Seemann starb, und keiner konnte erkennen woran. Wir wußten vorher nicht einmal, daß er krank war. Als dann ein Kamerad von ihm auf dem Flußboot bei Legan ebenfalls starb, begann ich, einen

Zusammenhang zu befürchten, denn auch dieser war vorher nicht krank gewesen.« Ketel schwieg und fiel in Nachdenken.

Da der Kapitän anscheinend nicht beabsichtigte weiterzureden, mahnte Inken ihn: »Sprecht weiter, Herr Kapitän, Ihr habt noch nicht erklärt, wie Eure Fischer in diese Geschichte passen. Und was befürchtet Ihr bei Euren Seeleuten?«

»Oh ja, das stimmt, ich kam gar nicht zum Ende. Weil Ihr die zwei Leute erwähntet, die am Hafen gestorben waren, hatte ich vorübergehend die Befürchtung, das seien meine beiden Fischer gewesen, die mich und den gestorbenen Seemann hergesegelt haben. Aber das ist natürlich eine grundlose Angst, ich gebe selbst zu, daß mir die Fantasie einen Streich gespielt hat.« Ganz überzeugt war Ketel aber selbst nicht.

»Oh nein, Herr Kapitän, wenn Ihr glaubt, daß das eine ansteckende Krankheit sein kann, so habt Ihr sicher recht. Was bei Kühen geschehen kann, muß auch bei Menschen möglich sein. Vater sagt…,« erklärte Inken überlegen.

»Was wißt Ihr davon?« rief Ketel entsetzt aus. »Wie kommt Ihr denn ausgerechnet auf eine ansteckende Krankheit?«

»Vater sagt«, sprach Inken, ohne sich unterbrechen zu lassen weiter, »das, was wir Rinderpestilenz nennen… Ihr habt sicher schon davon gehört?«

Ketel nickte nur, wütend, weil sie ihre Überlegenheit so ausspielte. »… ja, die Rinderpestilenz pflanzt sich von Tier zu Tier fort. Die Pestilenz kommt nicht durch die Luft angeflogen, und sie wird auch nicht in den Stall gehext, wie viele Leute glauben, sondern es gibt irgendetwas, was sie zu den Tieren hinträgt. Vater sagt immer, die zuverlässigste Methode, sie zu sich in den Stall zu holen, wäre, aus Neugier kranke Tiere in einem befallenen Stall anzusehen. Wenn man dann zu Hause angekommen sei, habe man die Seuche selbst mitgebracht.« Inken brach ab, umschlüssig, ob sie überhaupt weiterreden sollte. Sie wußte nicht, ob Kapitän Ketel erkennen konnte, worauf sie hinauswollte, sie wußte mittlerweile selbst nicht mehr genau, welcher Gedanke ihr so logisch erschienen war.

Aber Ketel hörte sehr aufmerksam zu. »Ja, weiter«, drängte er.

Inken nahm den Faden wieder auf. »Ich muß es Euch in Bildern beschreiben, das ist leichter. Vater meint also, die Krankheit springt von den kranken Tieren auf den Besucher des Stalles, und wenn er wieder zu Hause bei seinem eigenen Vieh ist, wittert sie irgendwie die Rinder und hüpft hinüber. Dadurch, daß sie sich weitertragen läßt, verschwindet sie natürlich nicht von dem zuerst erkrankten Rind. Sie muß also irgendwie teilbar sein, und zwar unendlich oft, denn immer wieder andere Leute tragen die Seuche zu sich nach Hause.«

»Was ist, wenn die Rinder gestorben sind?« fragte Ketel gespannt.

»Einige Zeit lang befindet sich die Krankheit noch im Stall, aber dann ist sie ganz plötzlich weg. Vielleicht kann sie ohne Rinder nicht leben. Vater meint auch, man kann sie wegwaschen. Er läßt uns immer ganz gründlich saubermachen, wenn die Seuche im Dorf ist. Wir selbst haben sie auch nicht gehabt, solange ich mich erinnern kann.«

Ketel ließ sich das Gesagte durch den Kopf gehen.

»Nun lacht mich nicht aus«, fuhr Inken zögernd fort, »ich meine, es könnte solche teilbaren Krankheiten auch beim Menschen geben. Wichtig scheint zu sein, daß ein Gesunder in die Nähe eines Kranken gekommen ist, und nach dem, was Ihr sagtet, ist das wohl der Fall gewesen bei Euren beiden Seeleuten. Und da lag es nahe zu glauben, daß Eure beiden Fischer tatsächlich tot sein könnten.« Sie hielt inne. »Aber da wäret Ihr ja selber in großer Gefahr«, stellte sie erschrocken fest.

Ketel winkte lässig ab. »Das ist im Moment unwichtig! Ihr habt mir jedoch klargemacht, daß ich sofort umkehren muß, um am Hafen festzustellen, was wirklich passiert ist. Was Ihr da von den teilbaren Erkrankungen sagt, leuchtet mir sehr ein. Um die Wahrheit zu sagen, ich hatte selbst schon an Pest gedacht.« Ketel war über sich selbst erstaunt, so ruhig über das zu sprechen, was kurz vorher noch seine innerste Angst gewesen war, aber die sachliche Betrachtung des jungen Mädchens wirkte sich beruhigend auf ihn aus.

»Die Pest?« rief Inken erschrocken aus.

»Nun ja, es kann auch etwas anderes sein«, gab Ketel zu. »Wenn aber die Fischer tot sind, nein eigentlich nur der, der den Seemann fuhr, glaube ich an Eure Theorie von den teilbaren Erkrankungen, es mag Pest sein oder auch nicht. Zu Eurer Beruhigung: ich selbst war nicht in dem Boot, in dem der Mann starb.«

»Gott sei Dank, dann kann Euch nichts passiert sein«, rief Inken erleichtert aus.

Beiden wurde wohl im selben Augenblick bewußt, daß Inkens intensive Anteilnahme an Ketels Gesundheit merkwürdig war, denn sie sahen sich erstaunt an. Jungfer Inken errötete heftig und wandte den Blick ab, während Kapitän Ketel sie nachdenklich und leise lächelnd ansah.

»So, nun bringe ich Euch schnell nach Hause«, brach Ketel das Schweigen, »damit ich bald zum Hafen komme.«

»Das geht nicht«, wehrte sich Inken, »wir müssen erst zum Hafen. Stellt Euch vor, was passiert, wenn man die Leute nicht sofort warnt! Ich meine, unter der Voraussetzung, daß wirklich der Fischer gestorben ist. Ihr könnt mich anschließend nach Hause bringen.«

In Ketels Brust stritten sich zwei Seelen. Er wollte zwar Inken gern in Sicherheit wissen, aber andererseits brannte in ihm der Gedanke an die Gefahr, die vom Hafengebiet ausgehen konnte. Weil ihm die Sorge für eine größere Mannschaft in Fleisch und Blut übergegangen war, stellte er das Wohl der Stadt über Inkens persönliche Sicherheit und entschloß sich daher, sie mitzunehmen.

»Dann schnell, Jungfer! Könnt Ihr laufen?«

»Was meint Ihr wohl, was ich mache, wenn ich Schafe fange? Vielleicht kriechen?« erwiderte Inken empört, raffte ihre Röcke und rannte los.

»Ach, ich meinte doch in dieser Kleidung und den Schuhen! Die habt Ihr ja gewiß zu Hause auf der Weide nicht an.« Ketel lachte insgeheim über Inkens fortwährende heftige Erwiderungen und sprang mit großen Sätzen hinter ihr her.

Den Weg durch den Freigrund nehmend, waren sie bald am Hafen. Inken nahm erstaunt zur Kenntnis, daß mittlerweile kein einziger der gröhlenden Betrunkenen mehr auf der Straße war.

»Wo wollen wir denn hin?« fragte sie Ketel, der vorauseilte.

»Zum Löwen, dort habe ich die Fischer hingeschickt. Entweder sind sie noch im Wirtshaus, oder in ihren Booten mit dem Entladen beschäftigt.« Über die dritte Möglichkeit sprach Ketel nicht.

Trotzdem hielt der Kapitän direkten Kurs auf den Kai, nicht auf den Löwen.

Der Ladekran schwankte unbenutzt in seiner Halterung. Der Heißhaken lag in den Sturmböen schräg in der Luft. Der letzte Benutzer hatte wohl vergessen, ihn anzubändseln. Der Boden war schwarz vor Nässe. Der Wind peitschte die Wellen auf den Kai, die dort in Gischt zerstoben, aber auch in den Augenblicken der Ruhe leckten die Wellen über die Kaimauer auf das Pflaster.

»Seht Jungfer«, Ketel konnte sich im Wind kaum verständlich machen, der über die freie Fläche des Hafenwassers ungebremst herangebraust kam, »das eine Boot ist weg, das, mit dem ich kam. Und zwar ohne zu entladen.« Er sah sich nochmals um. Stückgut lag nirgends.

»Was bedeutet das?« fragte Inken zögernd.

»Die Möglichkeit besteht, daß der Besitzer dieses Bootes tot ist.« Er zeigte auf den Prahm. »Der andere lebt gewiß. Sein Boot ist ja weg! Da war noch ein kleiner Junge darin. Es sieht so aus, als hätte er sich in Eile aus dem Staub gemacht, denn sonst müßte er die Ware hier aufgestapelt haben.« Er zeigte zum Sackende des Hafenbekkens. »Die drei Zweigangsboote dort haben auch Ladung von der ›Hoffnung‹ an Bord. Die werden wohl die letzten sein, die noch vor der Schleusenschließung in die Wiedau einlaufen konnten.« Seine Gedanken waren einen Augenblick lang bei seinem Schiff und den Entladearbeiten, die jetzt wohl ruhten.

»Wir sollten im Löwen nachsehen, ob die Fischer vielleicht dort alle gesund sitzen und trinken«, meinte Inken nüchtern. So gingen sie über den breiten, gepflasterten Kai hinüber zum Eingang.

An der Tür hing ein großes Schild, in Eile hingehängt, und schlug im Wind gegen das Holz. Sie lasen beide und sagten wie aus einem Mund: »Zu«.

»Was soll das nun wieder?« fragte Ketel ärgerlich, »vorhin habe ich doch die Fischer hineingeschickt und sah den einen richtig die Tür öffnen.« Er drückte die schräge Klinke hinunter, und die Tür bewegte sich trotz des Schildes nach innen. »Wir sehen mal nach«, erklärte Ketel kurz und ging hinein. In der Diele war niemand, aus der Gaststube kam kein Laut. Ketel öffnete vorsichtig die Tür und steckte den Kopf in die Stube. Da niemand zu sehen war, betraten sie das Zimmer und bemerkten nun, daß es doch nicht ganz leer war. Ein Betrunkener lag mit dem Kopf auf dem Tisch.

»Kapitän Ketel, kommt doch mal her.« Inkens drängende Stimme rief Ketel von dem Betrunkenen ab und zur Theke. Dahinter lag ausgestreckt ein kleiner Mann, der eine Schürze umgebunden hatte, offensichtlich der Wirt.

»Nicht anfassen!« rief Ketel gebieterisch. »Das ist nun schon der dritte Tote, den ich innerhalb kurzer Zeit zu Gesicht bekommen habe, das kann nur eine Bedeutung haben.« Er bückte sich und besah sich den Wirt aus der Nähe, so gut es ging, ohne ihn anzufassen. Vor die Nase drückte er ein Tuch. »Wieder die Flecken«, murmelte er.

»Nun möchte ich doch wissen, wer der andere ist.« Er richtete den schwachen Schein der Lampe auf den vermeintlich Betrunkenen. »Das dachte ich mir. Er ist der Fischer, der den Toten im Boot hatte.«

Inken stand erschrocken inmitten des Raums. So mutig sie vorher auch gewesen war, es war etwas ganz anderes, zwei toten Männern plötzlich wirklich gegenüber zu stehen.

Ketel musterte den Fischer, er schien etwas Bestimmtes zu suchen. »Jungfer Inken, auch dieser Mann hat die gleichen Flecken im Gesicht wie mein toter Matrose. Beim Segelmacher habe ich darauf noch nicht geachtet. Es spricht einiges dafür, daß es sich um eine

Krankheit handelt, die weitergegeben wird. Alle sind in kurzer Zeit tot, alle haben Flecken im Gesicht, wenn auch manchmal kaum sichtbar, und alle sterben, ohne vorher überhaupt zu wissen, daß sie krank sind.« Ketel sprach ganz ruhig, wofür Inken dankbar war, bekam sie dadurch doch wenigstens das Wissen, daß Ketel nicht kopflos wurde.

»Nicht nur das, die ganze Stadt ist in Gefahr, auch wir beide«, fuhr er fort. »Bisher scheint es allerdings so zu sein, daß nur der stirbt, der eng mit jemandem zusammen war, der die Krankheit in sich trug, aber noch lebte. Ich meine«, erläuterte er, »Ihr sagtet, daß bei der Rinderpestilenz der Stall noch gefährlich sei, nachdem das letzte Tier tot sei. Hier kann das nicht sein, denn ich habe sogar den toten Matrosen angefaßt und lebe noch.«

Inken erschauerte. Ketel legte ihr mitfühlend den Arm um die Schultern und führte sie hinaus ins Freie.

»Ich muß sofort den Rat benachrichtigen«, sagte er. »Euch bringe ich jetzt wirklich schnell nach Hause, und dann gehe ich ins Rathaus.«

Inken leistete jetzt keinen Widerstand mehr, ihre Neugier war etwas gedämpft. Ohne Schwierigkeiten brachte Ketel sie durch den Hintereingang ins Giebelhaus zurück.

9. Ratsversammlung

Tondern war keine Stadt, in der man den Pöbel auf der Straße schalten und walten ließ, wie er wollte. Die Kaufleute hatten viel zu festgefügte Vorstellungen davon, wie ihre Welt aussehen sollte, als daß sie geduldet hätten, daß eine Horde zerlumpter Menschen diese auseinander nahm, um nichts als ein Chaos zu hinterlassen.

Daher tagte der Rat der Stadt.

Das schien auch angebracht zu sein, denn der ganze Platz war mittlerweile voll von dichtgedrängt stehenden, aufgeregten Menschen. Nicht nur der Marktplatz, auch der Schweinemarkt und der Kirchplatz waren besetzt. Bis weit in die Große Straße und in die Osterstraße standen sie. Keineswegs war es bei dem Aufmarsch der Bettler und der Hafenanwohner geblieben, sondern im wesentlichen waren es nun die Handwerker und ihre Lehrlinge, das Gesinde der Kaufleute, die Wäscherinnen und Klöpplerinnen, die das Gros der unzufriedenen, murrenden Menge ausmachten. Keiner hätte sagen können, worauf sie warteten, denn das wußten sie selbst nicht. Die Rufe, die zuerst über den Platz gehallt hatten, waren verstummt.

Die Menge war im Gegenteil eher bedrohlich leise. Nur ein Murmeln und Raunen lag über dem Platz.

Im Rathaus waren im großen Saal alle Ratsherren versammelt. Vom Ernst der Lage überzeugt, hatte der wortführende Bürgermeister nicht nur den amtierenden Rat zusammengerufen, sondern auch die Ratsherren, die routinemäßig in ihrem jeweiligen dritten Jahr von der laufenden Geschäftsverwaltung befreit waren, um ihre eigenen Geschäfte zu führen, den Altrat also, so daß heute ausnahmsweise der ganze Rat tagte. Der wortführende Bürgermeister Thomas Andersen hatte zusammen mit dem 2. Bürgermeister den Vorsitz. Würdig, mit schmalem, weißen Kragen, der durch zwei Quasten geschlossen wurde, saß er da, zupfte gedankenvoll an seinem Spitzbart und wartete, bis die Versammlung ruhig geworden war.

»Werte Herren«, sagte er, »es scheint etwas Seltsames in der Stadt vorzugehen.«

Man nickte.

»Ich will Euch berichten, was ich gesehen habe, Ihr mögt dann ergänzen, und zusammen werden wir uns vielleicht ein Bild machen können.«

Man nickte wieder.

Zum Stadtschreiber gewandt, fügte der Bürgermeister hinzu, daß erst nach der Beratung eine zusammenfassende Darstellung – gewissermaßen cum gravissimo – formuliert zu werden brauche, jetzt jedoch noch nichts festgehalten werden müsse.

»In toto haben wir es hier mit einem Phänomenon zu tun, das bisher noch niemals aufgetreten ist«, begann der Bürgermeister gewichtig. »Es scheint sich hauptsächlich um Bettler, fahrende Leute und Gesindel aus den Harden zu handeln. Sie sind durch die ganze Stadt gezogen, tumultum faciendi, und haben sich auf dem Markt versammelt. Sie rufen etwas mir Unverständliches, hin und wieder scheinen sie jedoch Hexen zu beschwören.« Der Bürgermeister schnaufte leise, sein korpulenter Körper erlaubte seiner Zunge nur unter Schwierigkeiten, Worte zu formulieren. »Ich habe bereits Weisungen erteilt, daß der Stadtvogt zusammen mit Armenvogt und Büttel die Menge auseinandertreibt, aber es scheint nichts gefruchtet zu haben. Die Leute sind widerspenstig.«

Erland Kalf, leicht erregbar wie immer, warf dazwischen: »Was wollen sie denn überhaupt? Sie erwarten irgendwas, aber was?«

Der Rat schwieg, man schüttelte die Köpfe, das, was der Bürgermeister in dürftigen Worten zusammengefaßt hatte, war alles, was man wußte. Heinrich Blome, ein drahtiger Mann in mittlerem Alter, sprang auf und antwortete: »Sie wollen gar nichts, sie haben kein

Anliegen und auch keinen Sprecher, der sagen könnte, was los ist. Sie sind einfach eine dümmliche Masse Vieh. Einer zog augenscheinlich wie ein Leitochse als erster los, und unter dem Einfluß von Branntwein folgten ihm die übrigen, um zu lärmen und Radau zu machen. Diese Unordnung nutzten die Handwerkergesellen zu den verbotenen Zweikämpfen, und das weibliche Gesinde liefert sich auf der Straße Boxkämpfe, kurz, im Glauben, daß ein Einzelner nicht bestraft wird, wenn er tut, was alle tun, verstoßen sie in irgendeiner Art alle miteinander gegen die von uns erlassenen Gesetze. Diesem Haufen Pöbel müssen wir energisch zeigen, daß die Stadt eine Regierung hat, die die Gesetze auch durchsetzt, die sie erläßt. Ich verlange eine harte Bestrafung sämtlicher Übeltäter, sei er nun Tonderaner oder Gast.

»Bester Hendricus Flos«, rief nun ein großer schwerer Ratsherr, Truel Matthiasen. »Ihr könnt doch nicht mehrere Hundert Menschen in den Kerker werfen lassen! Genau genommen, was tun sie denn schon? Schlägereien mit Waffen sind an der Tagesordnung, auch gegen unsere Verordnungen. Und laßt doch die Weiber sich Striemen ins Gesicht kratzen. Sie selber haben den Schaden, nicht wir! Meiner Meinung nach ist es viel wichtiger, die Versammlung aufzulösen, aber mit Haft ist es da nicht getan. Jemand muß zu ihnen sprechen und sie beruhigen.«

»Gebt ihnen Euer Rostocker!« Ein unterdrücktes Gelächter ging durch die Versammlung. Jeder wußte, wie geizig Truel Matthiasen war, der größte Importeur von Rostocker Bier in Tondern. Viele Beziehungen banden ihn an diese Stadt, vor allem geschäftliche. Aber auch sein Sohn Laue Truelsen, der sich allerdings seit seiner Rostocker Studienzeit Lago Trogillus nannte, war mit ihr verbunden, indem er eine reiche Kaufmannstochter dieser Stadt geehelicht hatte.

»Büttel und Stadtvogt können sie dann allesamt schlafend nach Hause tragen«, fuhr der Rufer fort.

»Beste Herren, Senatus tunderensis, kommt zur Sache.« Der Bürgermeister klopfte auf den Tisch und rief zur Ordnung.

Arne Mickelsen bat um das Wort. »Ratsherren, zunächst bitte ich um Vergebung, daß ich mir als jüngstem Mitglied der erlauchten Versammlung anmaße, Euch belehren zu wollen, jedoch tue ich es nur zum Besten der Stadt und um den Schaden, den ich erwachsen sehe, abzuwenden.« Er machte eine Pause, um sich zu vergewissern, daß er das Einverständnis aller hatte, und um ihrer Aufmerksamkeit sicher zu sein. »Die Kundgebung scheint keine organisierte Versammlung zu sein, sie ist eher durch Zufall entstanden. Trotzdem muß ich Euch widersprechen, daß sie nichts wollen. Mir scheint, daß sich irgend jemand den spontanen Beginn der Kundgebung zunutze gemacht hat, um eine Forderung durchzusetzen. An allen strategisch wichtigen Punkten des Marktplatzes und des Schweinemarktes befinden sich Männer, die den Ton angeben, bei dem, was gerufen wird. Ich glaube gesehen zu haben, daß sie sich durch ein Zeichen untereinander verständigen und sich abstimmen, was sie rufen. Diese Männer skandieren: ›Geld‹ und ›Gebt uns Essen‹, solange, bis ihre Umgebung die Schreie aufnimmt. Aus anderen starken Gruppen hörte ich ›Hexe‹, ›Bestraft die Hexe‹ und Ähnliches. Wie das zu vereinbaren ist, weiß ich allerdings nicht.« Einige Ratsherren nickten, genau dasselbe hatten auch sie gehört und gesehen.

»Und Eure Erklärung dafür?« bat Thomas Andersen.

»Ich kann Euch nur Vermutungen liefern, ich weiß genauso wenig wie einer von Euch«, antwortete Arne Mickelsen. »Zu den Organisatoren möchte ich später etwas sagen, wichtig sind vor allem die Ursachen, die diesen Tumult überhaupt möglich gemacht haben. In kurzen Worten zusammengefaßt, kann man Not, Elend, Hunger und Armut für das Geschehen verantwortlich machen.«

Abwehrendes Geraune und Kopfschütteln ging durch die Versammlung. Der Bürgermeister sperrte den Mund auf, aus Schrecken oder aus Atemnot, wer wußte das zu sagen.

»Doch«, bekräftigte Arne, »es ist so. Es gibt einen größeren Teil unserer Bevölkerung, der Not leidet; wenn Ihr Euch in die unteren Gassen bemühtet, könntet Ihr feststellen, daß sich dort die Kinder mit den Ratten um Eßbares schlagen. Wenn diese Kinder dann betteln gehen, sucht Ihr es zu verhindern, indem Ihr die Kinder zwingt, sich selbst durch Arbeit zu ernähren. Aber wer nimmt sie denn an? Ihr kennt alle die strengen Reglementierungen der Handwerksrollen, und Ihr wißt andererseits, daß die meisten Kinder ein ehrbares Elternhaus gar nicht nachweisen können. Vielfach ist der Familienvater auf und davon, um wenigstens selbst dem Elend zu entkommen. Wie also sollen diese Kinder dann ein Handwerk erlernen, ohne alle die Beweise führen zu können, die die Handwerkermeister hochmütig verlangen?« Die Ratsherren waren empört. Der Bürgermeister versuchte, die Ordnung um ihrer selbst willen wiederherzustellen, nicht etwa, weil er Arne Mickelsen unterstützen wollte. Besonnenheit war Stil des Hauses.

»Silentium, Silentium«, hauchte er gequält.

»Ein weiteres Problem sind die Alten und Kranken«, sprach Arne weiter, »besonders die aber, die noch nicht sehr alt sind, dabei aber zu krank um zu arbeiten, jedoch wiederum nicht so krank, daß sie im Hospital Aufnahme finden. Kurz, es gibt eine Gruppe von Menschen, die weder vom Armenvogt noch vom Hospital für bedürftig gehalten wird, weil sie sich zwischen beiden Stühlen befindet. Es ist zwar schon mehr als hundert Jahre her, aber wir alle wissen, daß für diese Menschen früher das Kloster sorgte, das auf Betreiben des damaligen Herzogs nach der Reformationszeit aufgehoben wurde. Wir, der Stadtrat, sollten nunmehr zugeben, daß die Almosen der Bürger nicht ausreichen, um alle Kranken und Alten angemessen zu ernähren und zu kleiden. Ich sehe es als unsere Pflicht als Stadtväter an, daß wir die unmündigen Kinder – in des Wortes doppelter Bedeutung – wenigstens so weit versorgen, daß wir als Bürger unserer eigenen Schande nicht tagtäglich ins Gesicht starren müssen.«

Nun brach der Tumult in der Versammlung aus. »Wolf im Schafspelz« war zu hören und »Ratsmitgliedschaft aberkennen.«

»Nicht mitschreiben«, bedeutete der Bürgermeister nochmals dem Stadtschreiber.

»Ratsmänner«, die laute Stimme des 2. Bürgermeisters, Johann Crantz, ließ die Ratsversammlung verstummen. »Wir sind freie Männer einer freien Stadt, untertan nur dem Herzog, und regieren unsere Stadt nach eigenem Ermessen. Zu dieser Freiheit haben wir es gebracht, weil es unter uns immer kluge Männer mit eigener Meinung gegeben hat, die sich weder von Herzogstreuen noch von Kirchenleuten den Mund verbieten ließen. Gerade Tonderaner mit eigenem Kopf und festem Willen haben uns zu dem gemacht, was wir jetzt sind: eine Handelsstadt mit viel Geld und regionaler Macht und einem angemessenen Einfluß bei Herzog und König. Deshalb sollt Ihr jemandem wie Arne Mickelsen zuhören und ihn ausreden lassen, mag seine Rede auch weit über das hinausgehen, was Ihr zu hören gewohnt seid. Wir sollten klug genug sein, uns in der Rede keine Schranken aufzuerlegen, wenigstens hinter den geschlossenen Türen des Ratssaals.«

Widerwillig, aber dennoch zustimmend, setzten sich die Männer wieder.

»Es gäbe noch etliche Punkte, auf die ich eingehen könnte«, fuhr Arne fort. »Das Volk ärgert sich über vieles, was wir verfügen, manchmal auch nur, weil ihm das Wissen fehlt, das es braucht, um zu einer besseren Einsicht zu kommen. Worüber es sich aber zu Recht beklagt, ist die Gerichtsbarkeit. Die Leute empören sich dabei übrigens nicht über das Strafmaß, das nehmen sie hin, auch wenn es manchmal hart ist, sondern darüber, daß nicht gleiches Recht für alle gilt. Vor allem die Sitte des Freilaufens begünstigt die Reichen und ist, auch nach meinem Gefühl, Unrecht.«

Petrus Jacobi, seines Zeichens zu Stadt- und Hardesgerichten zugelassener Anwalt, weshalb er sich in Dokumenten imper. autor. notarius publ. bezeichnen durfte, unterbrach: »Selbst wenn Ihr das als Rechtsunkundiger als ungerecht empfindet, ich werde Euch erklären, woher der Brauch kommt, und Ihr werdet mir zustimmen, wie berechtigt er ist.«

Arne Mickelsen nickte widerwillig.

»Wir sind hier in Tondern im Gegensatz zu Eurer Behauptung sehr fortschrittlich in der Rechtspflege. Ihr wißt vielleicht, daß vor noch nicht langer Zeit die Sühne von Straftaten nicht von der Stadt, in ihrer Vertretung also vom Stadtrat, ausging, sondern von demjenigen, der geschädigt war oder von seiner Sippe, wenn er selbst dazu unfähig war, sei es, weil er krank oder verletzt oder gar getötet, erschlagen war. Zu dieser Zeit mischte sich niemand ein in Streitigkeiten zweier Parteien. Sogar bei Totschlag regelten die Parteien die Strafe selbst. Hier in Tondern kannten wir noch den alten nordischen Zweikampf, bei dem der Zeuge einer Straftat den Täter herausfordern mußte. Dies entsprach dem Jydske Lov, nicht dem Lübischen Recht. Später rächte die Sippe ein Vergehen nicht mehr selbst, sondern erhob Klage beim Gericht, worauf dieses die Bestrafung durchführte. Ohne die Klage des Geschädigten oder seiner Vertreter wurde nichts unternommen. Um nun nicht durch Blutrache die Sippen ausrotten zu lassen, haben wir und auch andere Städte die Möglichkeit eingeführt, durch Zahlung einer Mannbuße die Sippe des Getöteten zu versöhnen. So ist doch gesichert, daß die besten von uns überleben und nicht um Nichtigkeiten willen erschlagen werden. Ihr gebt sicher zu, daß es auch gar nicht besonders schade ist um die, die aus niederen Sippen stammen und das Geld nicht aufbringen können, oder gar um die, die überhaupt keine Sippe haben.« Petrus Jacobi beendete seine Rede, indem er sich selbstgefällig Beifall zollte, und auch von den meisten anderen Ratsherren war Zustimmung zu hören.

Aber Arne sprang auf, zutiefst empört. »Damit, daß Ihr die Ursachen für eine fehlerhafte Rechtsprechung erklärt, wird sie doch nicht gerechter«, rief er. »Ihr bestätigt genau, was ich sage. Die Reichen kaufen sich frei, die Armen werden gehängt, gerädert, enthauptet, auf dem Rad gebrochen, oder was sonst gerade so dienlich ist. Nein, gerecht wird es erst zugehen, wenn das Strafmaß unabänderlich ist, vom Angeklagten unabhängig, nur von der Tat abhängig. Die persönlichen Verhältnisse des Angeklagten oder des Anklägers dürfen dabei keine Rolle spielen. Wir müssen vor allem vom Sippenrecht abgehen!«

Petrus Jacobi stand auf, rieb sich die ewig feuchten Hände und sagte leise: »Aber bester Arne, Ihr müßt doch zugeben, von der Juristerei nicht das Geringste zu verstehen.« Und doppeldeutig fuhr er fort: »Ihr steht doch eher auf der Seite der Ochsen.« Er wartete das beifällige Gelächter der anderen Ratsherren ab, danach sprach er unter falschem Lächeln weiter. »Ihr fordert, daß wir die Sippe aus der Rechtsprechung heraushalten, wenn ich Euch recht verstehe. Ihr gebt aber doch selbst zu, daß das Recht und die Gerichtsbarkeit ein wichtiges Element unseres Zusammenlebens sind? Und worauf soll es sich stützen, wenn nicht auf die Sippe? Der einzelne ist viel zu schwach, um sein Recht durchzusetzen. Wir können uns im Gegenteil rühmen, vom alten Einmannrecht zum Sippenrecht übergegangen zu sein!« Er machte eine kleine Pause.

»Ich glaube, Arne, wir können die Aussprache hierüber beenden, sie führt zu nichts und steht auch in keinem Zusammenhang mit dem Tumult.« Petrus Jacobi setzte sich zufrieden.

»Richtig, richtig«, sagten die meisten. Andreas Beyer aber und Bernhard Büsing, beide wie Arne im Hollandhandel tätig und auch mit Ochsen befaßt, schwiegen. Arne, der um jeden Fußbreit Boden kämpfte, wandte sich deshalb insbesondere an diese beiden:

»Peter Jakob, Ihr müßt nicht dort aufhören zu denken, wo Generationen von Juristen es auch schon getan haben.« Jetzt hatte er die Lacher auf seiner Seite. »Springt über Euren Schatten und überlegt, ob die Rechtsprechung nicht auch noch anders durchgeführt werden kann. Ich will ja nicht soweit gehen, Euch zu empfehlen, ein Gremium von Frauen, gebildeten Bürgersfrauen natürlich, als Richter einzusetzen, obwohl Ihr Euch darauf verlassen könnt, daß manches Erstaunliche herauskäme.«

Pfui-Rufe unterbrachen Arnes Rede.

Thomas Andersen klopfte. »Zieht unsere Ratsversammlung gefälligst nicht ins Lächerliche«, flüsterte er asthmatisch.

»Nichts liegt mir ferner«, fuhr Arne fort. Er erhob seine Stimme. »Aber dennoch wäre es sicher auch für Euch vorstellbar, daß sich die Sippe völlig aus der Rechtsprechung heraushält und an ihrer Stelle der Rat der Stadt die Anklage erhebt, sobald er Kenntnis von der Straftat erhalten hat, unabhängig von einer etwaigen Zustimmung des Geschädigten. Damit wäre der Blutrache endlich ein Ende gesetzt. Und weil sich hieraus von selbst ergibt, daß die Sippe nicht mit dem Täter über ein Sühnegeld verhandeln kann, spielt es auch keine Rolle mehr, ob der Verbrecher arm oder reich ist.«

Der Rat war geteilter Meinung. Einige nickten zustimmend, die meisten schüttelten empört die Köpfe.

Johann Crantz ergriff das Wort. »Mit Eurer Zustimmung«, er blickte zum wortführenden Bürgermeister, »sollten wir diesen Vorschlag ausführlicher besprechen, wenn das dringendere Problem des Volksauflaufes gelöst ist. Ich sehe zwar, wie Arne, den Zusammenhang zwischen beiden, aber eine schnelle Lösung läßt sich natürlich nicht finden.«

Arne stand wieder auf. »Truel Matthiasen machte vorhin den guten Vorschlag, daß jemand zu der Versammlung sprechen solle. Nun ist es schwierig, eine aufgewiegelte Menge mit bloßen Worten zu beruhigen. Man muß ihr auch etwas geben. Man nimmt ihr den Wind aus den Segeln, wenn man ihr das Gefühl gibt, es sei eine Verbesserung eingetreten. Deshalb meine ich...«

Heinrich Blome unterbrach ihn. »Da werdet Ihr Euch aber wundern, Arne. Dankbarkeit ist nicht Sache der Masse. Eher bekommen sie das Gefühl von Macht und verlangen immer mehr. Nein, Bestrafung ist der einzige nutzbringende Weg.«

»Erläutert Euren Vorschlag, Arne«, sagte Johann Crantz, der immer deutlicher die Aufgabe des kranken Bürgermeisters übernahm.

»Ich meine, wir sollten in aller Öffentlichkeit verkünden, daß wir eine Reform des Armenwesens einleiten werden. Der Armenvogt, der Bedürftige nach Gutdünken verhungern oder unterstützen läßt, muß abgelöst oder besser überwacht werden. Die armen Kinder sollten wir speisen und das Hospital vergrößern, damit alle Kranken aufgenommen werden können. Wenn der Herzog schon eine Sondersteuer erläßt, um seine Hochzeit zu finanzieren, und wir diese ohne Murren zahlen, sollte es uns doch möglich sein, eine Steuer zu erheben, um unsere eigenen bedürftigen Einwohner angemessen zu unterstützen.«

»Das ist doch nutzloses Geschwafel«, rief Peter Kock, »das hört sich nur wunderschön christlich an, aber in Wirklichkeit verführt es die Leute doch nur, die Hände in den Schoß zu legen und sich von uns, den Fleißigen und Erfolgreichen, ernähren zu lassen. Meine Meinung, Arne, ist, daß Ihr uns hier ganz schön an der Nase herumführt. Ihr gebt vor, Vorschläge zu unterbreiten, wie Ihr die Volksversammlung auflösen wollt, und kommt dann mit Plänen, die Ihr schon lange vorher erdacht haben müßt. Kommt endlich zur Sache! Sagtet Ihr nicht, die Leute hätten Hexen ausfindig gemacht?«

»Ja, das sagte ich, aber auch, daß sich irgend jemand die Stimmung, die, wie ich ausführlich dargelegt habe, im Volk herrscht, zunutze macht, um seine eigenen Pläne zu verfolgen und die Menge aufzuwiegeln. Wer das ist, und zu welchem Zweck es geschieht, weiß ich nicht.«

Andreas Beyer ergriff nun erstmals das Wort. »Ich kann Arne in diesem Punkt voll zustimmen. Meiner Meinung nach konzentrieren sich die Umtriebe auf einen einarmigen Mann, der kein Einwohner von Tondern ist, den ich aber schon mehrmals hier gesehen habe. Er gibt sich wie ein Bettler, aber er ist weit davon, einer zu sein. Er spricht wie ein gebildeter Mann. Möglicherweise hätte der ganze Spuk ein Ende, wenn wir ihn faßten und einsperrten.«

Peter Kock blieb beharrlich bei seiner Auslegung. »Wenn man Euch glaubte, könnte man meinen, hier sei eine Verschwörung im Gange. Das ist lächerlich! Nein, nein, wenn die Menge von einer Hexe beunruhigt wird, dann gebt ihr doch eine; wenn sich das Volk genug an ihr belustigt hat, urteilt die Hexe ab, und Ihr werdet sehen, wie zufrieden sie alle nach Hause gehen.«

Beifall zu dieser Rede kam aus der Ecke mit Erland Kalf, Truel Matthiasen und Heinrich Blome.

»Eine Hexe ist für uns aus politischer Hinsicht viel günstiger als ein Rädelsführer«, stimmte Ratsherr Blome zu. »Um eine überführte Hexe kümmern sich gemeinhin die Angehörigen aus Angst nicht, sie macht keinerlei Schwierigkeiten, ist nur nützlich. Ein Rädelsführer hat dagegen irgendeine Macht hinter sich, und es dürfte gefährlich für uns sein, diesen Leu zu wecken. Es wäre klüger, in aller Stille abzuwarten, wer sich als Hintermann des Rädelsführers entpuppt, bevor man gegen ihn vorgeht und damit alle warnt. Wenn wir die Hexe haben, wiegen wir ihn dagegen in Sicherheit, und er wird unvorsichtig.«

»Ein peinliches Verhör würde schnell offenbaren, wer die Hintermänner sind«, sagte Bernhard Büsing.

Arne schüttelte zweifelnd den Kopf. »Es wird Euch Herren nichts nützen, den Kopf in den Sand zu stecken. Eine Verschwörung ist das ohne Zweifel, auch wenn Ihr es nicht wahrhaben wollt. Meiner Meinung nach stehen hiermit auch die Gerüchte im Zusammenhang, die seit letzter Woche uns den Ochsenhandel zu erschweren drohen. Ihr habt sicher schon davon gehört.«

Viel zu schnell hatte Peter Kock eine Entgegnung bereit: »Ach, jetzt wollt Ihr Euch wohl noch städtische Hilfe bei Euren privaten Handelsinteressen sichern? Was haben ein paar vorlaute Männer auf dem Marktplatz mit Euren Ochsentransporten zu tun? Sollen sie etwa als Vorwand dafür herhalten, daß Ihr ein auf städtische Kosten ausgerüstetes Kriegsschiff bei Euren Hollandtransporten benötigt?« Er sah sich beifallheischend um, und als Erland Kalf und Truel Matthiasen nickten, fuhr er fort: »Habt Ihr vielleicht einen Grund zu verbergen, wen die Menge meint? Kennt Ihr die Hexe? Ist sie vielleicht eine Verwandte von Euch?«

Arne war nicht nur empört, er war außer sich vor Zorn. Während er aufsprang um zu antworten, klopfte es jedoch hart und fordernd an die Tür zum Ratssaal, und als sie geöffnet worden war, stand Kapitän Ketel Frerksen auf der Schwelle.

10. Verhaftung

Während der Rat tagte, hatte Ketel Inken in die Hintergasse des Stavengrundstückes ihres Onkels gebracht und sich dann auf den Weg zum Rathaus begeben, um den Rat von der Gefahr zu unterrichten. Schon von weitem hörte er die Menge lärmen und rufen. Bis zur Einmündung der Südertorstraße auf den Marktplatz gelang es ihm, sich vorzukämpfen, aber ab dort standen die Leute derart dicht gedrängt, daß er den Versuch aufgeben mußte, sich quer über den Platz bis zum Rathaus durchzuschlagen. Ketel mußte sich also wohl oder übel damit abfinden, den Umweg die ganze Osterstraße bis fast ans Ostertor, dann die Straße hinter den Nördlichen Ställen wieder zurück bis in die Höhe der Kirche zu gehen, um dann durch die Schmiedestraße von hinten an das Rathaus zu gelangen. Er war fast da, als über dem Volkslärm ein Pfiff ertönte. Ketel fuhr in die Höhe. Den Pfiff kannte er doch! Über sich selbst den Kopf schüttelnd, denn das konnte einfach nicht sein, eilte er weiter. Wie sollte sein Steuermann, den er selbst vor einigen Jahren in London mit einer schweren Verletzung vom Boot getragen hatte, auf dem Marktplatz von Tondern pfeifen? Als er jedoch dem Pfeifenden von hinten fast auf die Füße trat, war kein Zweifel möglich.

»Laurens der Steuermann«, rief Ketel.

»Still, ich bin hier Laurens der Bettler«, gab dieser leise zurück. »Du kennst mich besser nicht. Geh hinüber hinter die Ecke des Anbaus dort.« Er nickte hinüber zum Giebelhaus, das majestätisch die eine Seite des Platzes einnahm. »Laß dich von den Fenstern des Rathauses aus nicht sehen. Ich komme gleich nach,« flüsterte Laurens.

Ketel wunderte sich zwar, aber nicht zu sehr. Laurens war ein Mann mit vielseitigen Interessen, der sich vor allem an Unternehmungen beteiligte, die viel Gefahr und wenig Ruhm versprachen. Das erstemal hatte Ketel ihn getroffen, als er gerade dabei war, die Flucht von Hugenotten nach England zu organisieren. Etwas unstet war er, nichts desto trotz führte er sein jeweiliges Vorhaben zu Ende, und auf sein Wort war Verlaß. Ketel hatte also keinerlei Zweifel, daß Laurens unter den gegebenen Umständen berechtigterweise vorsichtig war. Einige Minuten nach ihm kam Laurens herangeschlendert.

»Na, Käpten«, sagte er, über sich selbst spöttelnd, »es hatte ja doch einigen Erfolg, daß du mich damals an Land brachtest, obwohl ich nicht ganz unbeschadet aus der Sache hervorging, wie du siehst.« Er deutete auf seinen Armstumpf.

»Das stimmt, aber andererseits ist wesentlich mehr übrig geblieben, als ich in London für möglich hielt. Was hast du seitdem getrieben?« fragte Ketel. »Nein, warte, ich kann es mir schon denken. Du wirst jetzt sicher nur geheimnisvoll sagen: »ach, dies und jenes«, und wenn ich dich frage wo, dann antwortest du: »ach, da und dort« – stimmt's?«

»Ja, du kennst mich noch gut«, meinte Laurens lachend. »Ich kann doch meine Auftraggeber nicht preisgeben, nicht wahr?«

»Nein, solange du dich zu Stillschweigen verpflichtest, natürlich nicht! Und genau aus diesem Grund wirst du mir wohl jetzt auch nicht sagen wollen, was du hier in Tondern machst?« fragte Ketel.

»Richtig! Daß du dir das aber auch schon denken kannst, Kapitän!« antwortete Laurens ironisch. »Aber ich weiß ja, du gehörst zu den Friesen, die den Kopf nicht nur zum Boßeln nehmen.«

»Erinnerst du dich noch an das Spiel?« fragte Ketel überrascht.

»Aber sicher. Und was machst du denn hier, Ketel?« wollte nun Laurens wissen.

»Ich fahre für einen Ratsherren auf der Hollandroute, für Arne Mickelsen. Ich bin heute zurückgekommen.«

»Ja, so ein bißchen betätige ich mich auch auf diesem Gebiet«, sagte Laurens versonnen.

»Was denn? Vermittelst du neuerdings Ware?« fragte Ketel.

»Nein, eher das Gegenteil«, sagte Laurens geheimnisvoll.

»Ist es eine Schurkerei oder eine Heldentat, die du gerade unternimmst?« wollte Ketel wenigstens etwas genauer wissen.

»Keins von beiden, aber es bringt soviel Geld, daß ich davon leben kann.« Laurens zuckte gleichmütig mit den Schultern und wollte offensichtlich dieses Thema beenden. »Höre mal, Ketel, ich habe jetzt zu tun, ich würde mich aber gern mal bei einem Bier länger mit dir unterhalten. Wo bist du heute abend?«

»Ich glaube, ich bleibe wie immer im Goldenen Schwan, versuche es dort, wenn nicht, hinterlasse ich dir auf jeden Fall eine Botschaft, wo ich zu finden bin. Ich muß jetzt auch weiter, ich habe dem Rat eine unangenehme Nachricht zu bringen. Laurens, wenn dir dein

Leben lieb ist, rate ich dir, Tondern trotz deiner Geschäfte sofort zu verlassen!«

»So schlecht stehen die Dinge? Gibt es Krieg? Das sollte mich aber wundern, davon hätte ich gehört! Nein Ketel, Krieg bestimmt nicht, was also dann?« fragte Laurens und sah Ketel forschend an. »Das Hochwasser kannst du doch nicht meinen? Ach ich weiß, du willst Feuer legen!« Laurens Sinn für Humor schlug auch in ernsten Situationen immer wieder durch.

»Laurens, ich verlasse mich auf deine Vernunft, wenn ich dir jetzt mitteile, was los ist. Es geht eine tödliche Krankheit in Tondern um. Die Kranken reichen die Krankheit weiter wie Fackelläufer. Kaum hat einer sie übergeben, fällt er tot um. Du darfst nur diejenigen verständigen, die dir lieb sind, sonst aber nicht darüber sprechen. Wenn alle es wissen, kommt es zur Panik, die Leute fliehen und bringen die Seuche aufs Land.«

Laurens war sofort klar, daß eine Diskussion überflüssig war, denn er hatte sich an Bord von Ketels damaligem kleinen Schiff von dessen Zuverlässigkeit in allen Dingen überzeugt.

»Es weiß noch keiner davon, wie?« Laurens deutete mit dem Kopf zur Platzmitte. »Woher weißt du es denn?«

»Oh, ich habe es wahrscheinlich eingeschleppt«, gab Ketel gequält zurück. »Ich muß wenigstens versuchen, es wiedergutzumachen!«

»Ich glaube dir Ketel, weil ich dich kenne. Aber die da oben?« fragte Laurens. »Hoffentlich bekommst du keine Schwierigkeiten! Sei vorsichtig!«

Unauffällig verabschiedeten sie sich voneinander. Laurens war gleich in der Menge verschwunden, Ketel bahnte sich zum gegenüberliegenden Eingang des Rathauses den Weg.

»Laßt mich durch, ich habe dem Rat eine wichtige Nachricht zu bringen«, beschwor er die Ratsdiener, die unter Mühe den Eingang freihielten. Sie erkannten offenbar an seiner Sprache und Kleidung sofort, daß der Kapitän nicht zum Pöbel gehörte, denn sie ließen ihn widerspruchslos ein. Die Wache vor der Tür zum großen Saal war schwerer zu überzeugen, aber schließlich überredete er auch diesen Mann. Als er endlich in der geöffneten Tür stand, bekam er gar keine Gelegenheit, sich höflich vorzustellen und seine Anwesenheit zu entschuldigen, denn der Vorsitzende fuhr ihn gleich barsch an, wenn auch heiser und leise.

»Wer seid Ihr? Wagt Ihr eine ordentliche Versammlung des Großen Rats zu stören? Dafür müßt Ihr schon gewichtige Gründe vorweisen, um entschuldigt zu werden.«

»Ja, die habe ich«, sagte Ketel kurz, »und weil die Gründe so schwerwiegend sind, brauche ich auch keine Entschuldigung«, fuhr er gereizt und etwas unklug fort.

Der Bürgermeister schüttelte vorwurfsvoll den Kopf.

»Ich will mich deshalb auch nicht bei langen Vorreden aufhalten, sondern unumwunden mitteilen, daß Ihr die Pest in Eurer schönen Stadt habt, zur gefälligen Weiterverwendung der Nachricht.«

Die Reaktion war unterschiedlich. Von den meisten Herren kam belustigtes oder gar erleichtertes Lachen. Man hatte eine Hiobsbotschaft nach dieser Einführung des Boten erwartet und glaubte nun zu erkennen, daß hier lediglich ein Wichtigtuer, der sich die außergewöhnliche Situation der Stadt zunutze machen wollte, versuchte, Aufmerksamkeit zu erringen. Als ernsthafte Nachricht wäre sie zu ungeheuerlich gewesen, daher zog man vor, ihre Ernsthaftigkeit einfach abzustreiten. Einige wenige Ratsherren jedoch erschraken. Ihre Menschenkenntnis ließ sie erkennen, daß der Kapitän erhaben war über bloße Gerüchtemacherei, vor allem, daß er kein Schwätzer war, sondern wußte, wovon er sprach.

Noch bevor unbesonnene Worte auf beiden Seiten fallen konnten, sprang Arne Mickelsen auf und rief: »Bürgermeister, Ratsherren, ich bürge für diesen Mann. Was auch immer er sagt, ich glaube es, denn ich kenne ihn seit Jahren. Er ist Ketel Frerksen, Kapitän der ›Hoffnung‹, der für mich nach Holland fährt.«

Peter Kock sprang auf und rief höhnisch: »Meint Ihr denn, daß es der Glaubwürdigkeit dieses Mannes förderlich ist, wenn ausgerechnet Ihr für ihn zeugt? Es dürfte mittlerweile jeder gemerkt haben, daß Ihr während der ganzen Diskussion private Interessen betrieben habt. Das kann sich doch nur um ein abgekartetes Spiel handeln, wenn Ihr jetzt auch noch Euren Kapitän vorschickt!«

Kapitän Ketel merkte sofort, daß er zum Zündfunken in einem bereits lodernden Streit werden konnte und entgegnete ruhig: »Ihr Herren, es steht gar nicht zur Debatte, ob Ihr mich für glaubwürdig haltet oder nicht, sondern ob Ihr in der Lage seid, Maßnahmen zu ergreifen gegen eine der schlimmsten Krankheiten, die es gibt. Möglicherweise ist es nicht die Pest, das kann ich nicht beurteilen, aber eine Krankheit, die in ihren Auswirkungen genauso schrecklich ist. Wer von ihr berührt wird, stirbt. Was Ihr mit der Nachricht anfangt, ist Eure Sache, und ich habe damit alles getan, um Euch zu warnen. Lebt wohl, Ihr Herren.«

Damit drehte sich der Kapitän um und ging gemessen zur Tür, wo ihn die Frage von Johann Crantz innehalten ließ.

»Nicht so eilig, Kapitän, ich spreche sicher nicht nur für mich, wenn ich Euch sage, daß Eure Glaubwürdigkeit nicht zur Debatte steht, Euer guter Ruf ist uns bekannt. Wir bedanken uns, daß Ihr Euch der Mühe unterzogen habt, uns zu warnen, aber teilt uns bitte noch Einzelheiten mit, wie und aus welcher Ecke uns die Seuche treffen wird, und woher Ihr davon wißt.«

Der Kapitän war einem vernünftigen Mann gegenüber sofort bereit, Auskunft zu geben, und so erklärte er die Vorkommnisse und auch, welche Gründe ihn bewogen hatten, dem Rat die Mitteilung zu machen.

Erland Kalf sprang in die Höhe und rief empört: »Und Ihr habt die Stirn, keck hierher zu kommen und zu erklären, Ihr hättet die Stadt mit einer Seuche überzogen! So wie Ihr die Sachlage schildert, bildet Ihr doch selbst eine Gefahr! Was fällt Euch ein, auch den Rat da hineinzuziehen!«

Ketel entgegnete zwar, allem Anschein nach sei man entweder schnell tot oder nicht angesteckt, das trug aber nicht zur Beruhigung bei, und schon gar nicht der Hinweis, daß die Kenntnis der Gefahr für den Rat um der Stadt willen wichtiger sei als die dadurch aufkommende persönliche Ansteckungsgefahr für die Ratsherren. Die Herren waren zum Teil wie kopflos vor Angst.

Der Bürgermeister griff wieder ein, und nun zeigte sich seine Stärke, die ihn vor Jahren zum allseits geachteten Träger der Amtswürde gemacht hatte:

»Ihr Herren, laßt Euren Verstand zu Wort kommen«, befahl er. »Bisher ist nichts weiter geschehen, als daß drei Fremde gestorben sind, noch nicht einmal hier in Tondern, sondern außerhalb, und dazu der Wirt vom Löwen«, sagte er, nicht ganz richtig. »Um diese Tatsache herum hat ein weiterer Fremder – den ich damit nicht kränken will –« er nickte zu Ketel hin, »eine wilde Geschichte entwickelt, die vermutlich jeder Wahrheit entbehrt. Als Kapitän ist er weder berufen noch erfahren in Medizin und Chirurgie. Ich schlage daher vor, wir sperren ihn als Betrüger und Scharlatan ein. Sollte sich wirklich herausstellen, daß hier eine Krankheit umgeht, lassen wir zur Beurteilung der Dinge einen Mediziner aus Kopenhagen kommen. Für alle Fälle haben wir Kapitän Ketel in der Hinterhand, der dann seine Aussage machen könnte.«

Zustimmung kam von allen Seiten. Erleichtert rückten die Ratsherren ihre Stühle, etwas beschämt, daß sie sich so ins Bockshorn hatten jagen lassen. Ketel einzusperren, war natürlich die einzige vernünftige Lösung. Denn war die Nachricht wahr, mußte er als möglicherweise Kranker in Gewahrsam, war sie nicht wahr, als Betrüger, und in beiden Fällen, damit er keine panikmachenden Gerüchte in die Stadt trug. Arne zog ohnmächtig die Schultern hoch. Es war besser, sich dem Unvermeidlichen zu fügen, als durch nutzlosen Protest die Aufmerksamkeit aller auf sich zu lenken. Er wußte, daß Ketel begreifen würde, warum er nicht eingriff. Denn gegen die letzte Entscheidung des Bürgermeisters war kein Einspruch möglich.

Noch bevor die Rathausdiener gerufen werden konnten, um den Kapitän zu verhaften, war von draußen ein anschwellendes Rufen zu hören. Truel Matthiasen, der sich höchstpersönlich zum Fenster bemühte, berichtete, was er sah.

»Es ist jemand in Ohnmacht gefallen, glaube ich, man hat einen Kreis um ihn gebildet und ist um ihn bemüht.« Er sah eine Weile zu und bemerkte dann nachdenklich: »Nein, er muß tot sein, man bringt ihn nicht mehr auf die Beine. Die Leute schreien jetzt wie aus einem Mund ›Hexe‹, hört Ihr es?«

»Wie ist der Tote bekleidet?« rief Ketel. »Wie ein Bürger, ein Bauer oder wie?« Und damit trat er, ohne daß ihn jemand hinderte, ans Fenster.

Der Ratsherr Truel beantwortete die Frage, noch bevor Ketel den Toten näher in Augenschein nehmen konnte. »Nein, weder noch, eher wie vom Freigrund oder der Hafengegend, vielleicht ist er ein Einwohner, vielleicht noch nicht einmal das.«

»Ja, merkt Ihr denn nicht, was Ihr sagt?« fragte Ketel eindringlich. »Laßt nachfragen, ob der Mann noch vor kurzem im ›Löwen‹ gewesen ist. Wenn ja, habt Ihr den Beweis für das, was ich versuche, Euch klar zu machen.«

Die Ratsherren sahen sich an, erwogen, nickten und schickten einen Ratsdiener los, nicht ohne daß Erland Kalf ihn vorher gewarnt hätte, nicht zu nahe an den Toten heranzutreten. Sie verfolgten dichtgedrängt an den vier Fenstern des Ratssaals, wie der Bote in den Kreis trat, offenbar zunächst erfolglos blieb, bis einer, der etwas entfernt stand, die Frage erfaßte und zu des Dieners Zufriedenheit beantwortet haben mußte, denn der schlug sich wieder durch bis an die Rathaustür, die nun wegen des Gangs der Ereignisse unbeachtet offen stand.

Ja, zwei andere und der Tote seien im Löwen gewesen und hätten sich mit Fischern unterhalten, von denen aber einer gestorben sei, war die Nachricht, die der Ratsdiener überbrachte.

»Habt Ihr einen Arzt in der Stadt?« fragte Ketel.

»Nein, nur drei Barbiere mit dem Privileg des ›ersten Bandes‹ und den Apotheker«, antwortete man.

»Dann holt den Apotheker«, entschied Ketel. »Vielleicht kann er Euch bestätigen, daß der Mann an Pest gestorben ist. Wenn er die bläulichen Flecken an dem Toten sieht, ist es eindeutig dasselbe, was die anderen hatten.«

Auch hierin folgte man Ketels Ratschlag. Die Präzision, mit der seine Voraussage eingetroffen war, hatte manchen Ratsherren nachdenklich gemacht.

Der Apotheker Michel Fenzke, der seine Apotheke seit rund 30 Jahren führte – die erste Apotheke Tonderns übrigens, mit mehreren Privilegien vom Herzog ausgestattet und deshalb früher ein Dorn in den Augen der Kaufleute – kam kurzbeinig mit einem Köfferchen angewatschelt und ließ sich vom Rat erklären, was von ihm verlangt wurde. Zu Stillschweigen wurde er außerdem verpflichtet.

Sehr nachdenklich kam Michel Fenzke zurück.

»Nun, was habt Ihr festgestellt?« fragten die Ratsherren eindringlich.

Der Apotheker räusperte sich gemächlich, strich mit elegantem Schwung seine Kleidung glatt, kostete aus, daß man ihn benötigte, mit Furcht oder Erwartung an seinen Lippen hing, und begann:

»Die Humores des Mannes haben eine Alteration erfahren. Dennoch sind die äußerlichen Poros, die der Haut also, verschlossen und haben weder zu Schweiß noch zu Ausdünstung geführt. An einem Febris utilis hat der Mann also nicht gelitten. Die Malignität oder das Gift, das in ihm wütete, hat aus dem Motu Humorum intestino, gewissermaßen aus der innerlichen Bewegung des Geblütes ihren Ursprung genommen. Wenn nun die Natur solchergestalt die Wege verschlossen findet, und also mit der Unreinigkeit nicht durch die Haut, also nicht an die Cuticulam kommen kann, so findet sie sich genötigt, einen anderen Ausweg zu suchen und sich entweder durch die Nase oder durch die drüsigen Teile auszuführen. Dieses aber ist eine Sache von großer Gefahr, nicht allein, weil die Natur dabei eine merkliche Turbation leidet, sondern auch weil die Unreinigkeiten durch viel innerliche Teile wieder durchgeführt werden müssen, welche sie leicht angreifen und ihnen schaden können. Daher geschieht es solchen Falls, daß sie statt der gewöhnlichen Exkretion oder ordentlichen Ausdünstung heftiges Nasenbluten, starkes Erbrechen oder schädliche Durchfälle verursachen. Zuweilen auch irritiert sie solche Partes...«

»Apotheker Michel Fenzke«, rief Johann Crantz mit fester Stimme, »was wir von Euch wissen wollen, ist, ob dieser Mann an Pest gestorben sein kann.«

Der Apotheker schürzte beleidigt seine Lippen. Man konnte von ihm als gelehrtem Mann nur eine vollständige Auskunft oder aber gar keine erhalten.

»Die Pest ist unter den Febribus contagiosis oder ansteckenden hitzigen Fiebern das gefährlichste und gewaltsamste. Die pestilenzialische Malignität wird entweder durch Fieber mit langanhaltendem Schweiß oder durch gewisse Beulen, Bubones oder Anthraces, sezerniert. Wo aber dergleichen Exkretiones nicht geschehen, kann die Natur die Materie durch die innerlichen Teile zu sezernieren oder exzernieren suchen, durch Durchfälle, Erbrechen oder Entzündungen des Halses. Dieses sagte ich Euch schon.«

Der Apotheker hörte unvermittelt auf zu reden, als ob alles geklärt sei.

»Advokaten und Mediziner!« rief Andreas Beyer. »Wenn sie es wissen, sagen sie es nicht, und wenn sie es nicht wissen, merkt man es nicht.«

»Eure Antwort«, drängte Johann Crantz den Apotheker, »ist der Mann an Pest gestorben?«

»Die Bubones, das Febris contagiosa...« begann Michel Fenzke.

»Ja oder nein«, unterbrach ihn der zweite Bürgermeister entschlossen.

»Nein«, antwortete der Apotheker.

Ketel wurde also abgeführt. Voll ohnmächtiger Wut war ihm bewußt, daß aus seinem Pflichtbewußtsein weder für die Bevölkerung von Tondern noch für ihn selbst etwas Gutes erwachsen war. Darüberhinaus befand sich Inken in Gefahr, denn daß die Seuche bald aus ihren zaghaften Anfängen heraus sein würde, befürchtete er.

Die Ratsherren vertagten sich erleichtert. Wider Erwarten hatte die Menge angefangen, sich zu zerstreuen, nachdem sich herumgesprochen hatte, daß ein Toter die Folge dieser Kundgebung war.

11. Rattenprozession

Schwimmen konnten sie zwar, aber im Wasser schlafen und fressen natürlich nicht. So war es nicht erstaunlich, daß sie in der Nacht in langen Zügen, familienweise, in die höher gelegenen Gebiete von Tondern zogen. Das hatten sie schon öfter getan, das war bei fast jedem Hochwasser notwendig. Außergewöhnlich war es also nicht, wenn auch nicht alltäglich. Wäre zufällig nachts jemand in der Hafengegend unterwegs gewesen – ohne Laterne entgegen der Vorschrift des Stadtrates –, hätte er sie trippeln hören können, er hätte auch sehen können, wie sie verstohlen huschten, von Schatten zu Schatten, die im Mondlicht schnell wechselnden Streifen Helligkeit vermeidend. Das also war nichts Besonderes. Ungewöhnlich war aber, daß hin und wieder eine Ratte tot niedersank. Sie tat es nicht plötzlich und unerwartet, sondern wurde aus dem schnellen Lauf heraus langsamer, ging dann steifbeinig noch ein paar Schritte, schwankte und fiel um, fiel einfach auf die Seite. Nach einigen schweren Atemzügen war sie tot. Wer ein gutes Gehör hatte, hätte außer dem Pfeifen auch ein leichtes Husten bei den Tieren wahrnehmen können.

Nun sorgten die Ratten zwar meistens für ihre Toten, ließen sie nicht liegen, sondern schleppten sie ins Verborgene. Das hatten sie anfänglich auch hier getan, aber es erwies sich, daß das Wasser schneller hinter ihnen stieg, als sie die Toten bewältigen konnten, außerdem waren es weitaus mehr Tote, als für normal hätte gelten können. Und dann lag auch dieser Geruch in der Luft, den sie nicht kannten und der ihnen Angst machte. Vielleicht hing er mit den gelblichen Ausscheidungen zusammen, die manchen der kranken Ratten die Augen verklebten oder die Gehörgänge verstopften, vielleicht auch mit dem Blut, das bei den Toten auf den stumpfen Nasen lag. Den Ratten verursachte er jedenfalls Unbehagen, und sie bemühten sich, ihm zu entrinnen, noch mehr als dem Hochwasser. Das Merkwürdige aber war, wo immer sie hingingen, folgte er ihnen.

Übrigens hätte ein aufmerksamer Beobachter feststellen können, daß die Spur von toten Ratten hauptsächlich den Weg vom Hafen in die Straßen hinter den Südlichen und Östlichen Ställen sowie die Spiekerstraße markierte. Alle Straßen am Laurentiusstrom und zwischen Süder- und Ostertor lagen da wie immer – außer dem Schmutz des Tages und vom Marktablauf nichts Außergewöhnliches.

Die Wanderratten, die so plötzlich ihre Baue und gefüllten Vorratskammern verlassen mußten – die jüngsten Rattenkinder hatten natürlich zurückbleiben müssen, die Mutter konnte immer nur eins zwischen den Zähnen befördern, sie waren also inzwischen bereits ertrunken –, mußten unerwartet feststellen, daß die neuen Wohnstätten, die in Frage kamen, bereits besetzt waren. Fast überall saßen die unangenehmen schwarzen kleinen Vettern, die so penetrant rochen. Aufgeregt, wie sie waren, fuhren sie deshalb drohend und knurrend zwischen die schwarze Sippschaft, die sofort bemerkte, daß sie hier keine Wahlmöglichkeit hatte. Entweder sterben oder fliehen. Und da die Hausratten gewiß nicht zu unangebrachtem Heldentum neigten, zogen sie sich zurück, in doppeltem Sinne nach oben. Entweder auf die Dachböden der Häuser, die sie bereits bewohnten, oder innerhalb Tonderns nach oben, in die höchsten Gebiete, die die ehemalige Insel aufzuweisen hatte, also rund 10–12

Ellen höher gelegen als die Wiedau, in die besseren Bürgerhäuser, das Rathaus und die Kirche.

Von dieser nächtlichen Tätigkeit der Ratten, der Prozession in verschiedene Stadtteile, dem kurzen Krieg und der Neuverteilung der Wohnungen und Jagdgebiete merkten die Tonderaner nichts. Am nächsten Morgen waren allein die Spuren der toten Ratten in der Pfefferstraße, der Kuhstraße, dem Mühlenweg, der Wulfstraße und der Kleinen Straße übriggeblieben, über die sich deren Einwohner zwar vorübergehend wunderten, sie dann aber über den anderen Sorgen wieder vergaßen.

12. Hexenjagd

Der nächste Morgen begann fast wie immer in der kleinen Stadt. Michel Fenzke hatte bereits am frühen Morgen soviel verkauft wie sonst den ganzen Tag und führte dies händereibend auf seinen imponierenden Auftritt am vergangenen Tag zurück. Bei den kleinen Leuten, die die meisten der Käufer ausmachten, war der Absatz an Ingwer und Eisenkraut gut, die besser Gestellten konnten sich auch Branntwein leisten. Ihnen empfahl der Apotheker außerdem, alle 4. oder 6. Stunde eine Dosis vom Pulvere bezoarico zu verabreichen. Alle miteinander aber, ob arm oder reich, benötigten sie größere Mengen Bier, das gewärmt und mit Gewürzen versetzt, schweißtreibend wirkte. Denn es war den eiligen Kunden dieses Morgens gemeinsam, daß sie ein Heilmittel gegen hohes Fieber benötigten. Der Apotheker legte sich achselzuckend eine größere Menge Gewürze bereit, damit er nicht dauernd den Lehrling nach hinten zu schicken brauchte, und dachte dann nicht mehr daran, obwohl er der erste hätte sein müssen, Verdacht zu schöpfen. Aber für ihn gab es weit Interessanteres zu erleben: Auf dem Marktplatz schien sich eine Fortsetzung des Auflaufs vom Vortag anzubahnen, und diesen konnte Michel Fenzke von seinem Haus aus gut einsehen.

Nachdem der Tote die aufgebrachte Menge gewissermaßen vom Platz vertrieben hatte, waren die Leute gruppenweise nach Hause gezogen, die Städter in ihre schäbigen Häuser in die unteren Gassen, die Bauern in die Dörfer, und hatten heftig darüber gestritten, was passiert war. Über die Ursachen der Unruhen war sich keiner im klaren, aber daß das Ende unbefriedigend war, fühlten sie alle. Insbesondere hatte der Stadtrat jeglichen Anschein einer Gegenmaßnahme vermissen lassen. Einerseits sah man schadenfroh seiner Hilflosigkeit zu, andererseits wurde diese als bedenkliche Schwäche mit

Kopfschütteln hingenommen. Keine Gefangennahme eines Übeltäters, kein Entdecken einer Hexe, es hatte sich noch nicht einmal der Bürgermeister gezeigt und gesprochen. Und so kam es wie von selbst, daß die unzufriedene Bevölkerung an diesem Morgen wieder auf dem Marktplatz erschien, einzeln und in kleinen Gruppen kamen sie an, auch ohne daß Laurens und seine Leute schüren mußten. Selbstverständlich waren sie anwesend, aber nur für den Fall, daß womöglich die Streitlust der Leute erlahmte.

Inken und ihr Vater waren noch in der Stadt. Sie hatten sich für die Mittagszeit mit dem Fischer am Steindamm verabredet. Inken hatte bis dahin die Erlaubnis, sich in Begleitung einer jungen Magd in der Stadt umzusehen. Was sie nicht sagte, war, daß sie nach dem Kapitän Ausschau halten wolle, es war ja möglich, daß sie ihm begegnete.

Der Rat tagte wieder, aber ohne den Elan von gestern. Man wußte nicht, was man mit einer Volksmenge machen sollte, die fast stumm und füßescharrend herumstand. Die meisten der Ratsherren hofften, daß es so ausgehen würde wie gestern, mit Ausnahme des Toten natürlich. Arne, der am Fenster stand und die Leute beobachtete, merkte, daß die Stimmung heute anders war. Drohten die Menschen heute? Waren sie verängstigt? Schwer zu sagen. Nur jemand, der unten bei den Leuten gewesen wäre, hätte hören können, daß man sich über verschiedene Dinge unterhielt, die jedes für sich merkwürdig, zusammengenommen aber beängstigend waren. Dies waren der Tote auf dem Marktplatz, die toten Ratten in den an den Hafen angrenzenden Straßen, das Fieber, das mittlerweile viele Leute befallen hatte, und das Hochwasser, das in den unteren Gassen bereits in die Häuser lief. Im Gespräch über diese Vorkommnisse zog man immer wieder die Erscheinungen heran, die während des Jahres deutlich sichtbar für jeden ein Vorzeichen kommenden Unglücks gewesen waren. Zählte man alles zusammen, dann wurde es immer klarer, daß das Armageddon nahe war. Daher kroch die Angst durch die versammelte Menschenmenge. Aber von all dem wußte der Rat nichts, denn keiner hatte sich die Mühe gemacht, sich umzuhören.

Während der Rat sich im Kreise drehte, kam es wieder zu Zwischenfällen auf dem Marktplatz. Diesmal war es aber immerhin kein Toter, sondern nur zwei Zuschauer, die bewußtlos zusammenbrachen. Als man sich über sie beugte, war nur festzustellen, daß sie ungewöhnlich heiß waren, und da beide unfähig waren, Auskunft zu geben, nahm man an, sie seien in der beängstigenden Enge überhitzt worden, und brachte sie in das Hospital. Allerdings fachten diese Vorfälle den Zorn der Leute aufs neue an, und es wurde sichtlich Zeit für den Rat, etwas zu unternehmen, bevor die explosive Stimmung ein Unglück heraufbeschwor.

Diesen Moment hatte ausgerechnet Inken gewählt, um von ihrem Spaziergang zurückzukehren, und da sie aus der Großen Straße kam und in die Osterstraße wollte, mußte sie an der Versammlung vorbei. Und unglücklicherweise drehte sich just da die dicke Matrone um, die Inken gestern mitgezogen hatte, und die in ihrer Gier nach Erlebnissen auch heute wieder anwesend war. Ihr ohnehin nicht schönes Gesicht verzerrte sich vor Wut in der Erinnerung daran, wie das junge Mädchen ihr gestern entschlüpft war, und sie schrie: »Da ist sie ja! Die Hexe! Die Hexe!«

So eindringlich war ihr Ruf, und sie legte soviel Abscheu in ihre Stimme, daß die Nächststehenden unwillkürlich den Warnruf aufnahmen. Als die Leute dann einen kleinen Augenblick innehielten, nahm sie die Möglichkeit wahr, über den Platz zu rufen: »Die hat das Fieber in die Stadt gebracht! Gestern war sie in den Straßen Hinter den Ställen, dort, wo jetzt das Fieber ausgebrochen ist. Die gehört da überhaupt nicht hin! Und seht sie euch mal an! Bauernkleidung hat sie an – aber eine Magd zur Begleitung! Wie eine Dame vom Stande! In den Dienstbotenhäusern hat die jedenfalls nichts zu suchen. Ich frage euch, was hat sie dort gemacht? Was, wenn nicht gezaubert! Und wie nennt man eine solche Person?« Triumphierend stand sie da, der Aufmerksamkeit aller Leute gewiß.

»Hexe! Hexe!« schallte es gehorsam zurück.

Und als auch die Entferntesten verstanden hatten, worum es ging, gerieten sie alle außer sich. Wußten sie nun doch endlich, was sie hierher getrieben hatte. Erlöst skandierten sie immer wieder »Hexe«. Die Matrone ließ sie rufen, solange bis die letzten Schreie verhallten. Sie genoß die Situation. Eine Hexe zu entdecken und zum Führer einer Volksmenge zu werden, war mehr, als sie in ihren kühnsten Träumen hätte erdenken können.

Inken erstarrte vor Angst. Was ihr noch niemals passiert war, geschah, sie konnte kein Wort erwidern und schon gar nicht weglaufen. Sie stand einfach da, erbleicht, war keines Gedankens fähig, der ihr hätte helfen können.

Gleichzeitig unterbrachen im Ratszimmer die Herren ihre Beratung und eilten an die Fenster. Sie hörten eine Weile zu, dann sagte Peter Kock befriedigt: »Da haben wir doch schon unser Opfer! Wenn die Leute uns so hübsch eins präsentieren, dann laßt es uns annehmen.«

»Ihr seid ein Zyniker.« Arne Mickelsen sah Peter Kock verächtlich an. »Ihr wißt so gut wie wir alle, daß die Person, die da draußen zur Hexe bestimmt wird, nicht das Geringste mit den Ursachen der Versammlung zu tun hat.«

Peter Kock sagte roh: »Sicher nicht, aber das wissen die ja nicht, das ahnen nur wir!« Er fuhr etwas versöhnlicher fort: »Seht, Arne, wenn wir Eure Wunschträume von gestern einmal beiseite lassen, was bleibt uns dann noch? Die Leute sind empört, heute viel mehr als gestern, aber es tut sich niemand hervor, der sie aufhetzt. Wir können infolgedessen niemanden als Rädelsführer eines Aufstandes bestrafen. Andererseits müssen wir sie unbedingt beruhigen, bevor sie womöglich durch die Stadt ziehen und Brände legen. Denn es hat sich bereits das Gerücht verbreitet, die letzten Tage vor dem Jüngsten Gericht seien angebrochen. Das Hochwasser trägt noch zur Bestätigung dieses Irrglaubens bei. Es kann nicht mehr lange dauern, bis ein falscher Prophet sich aufmacht, Gefährliches zu verkünden, für uns, für die Stadt, meine ich. Glaubt mir, die stehen kurz vor einem Ausbruch, der die Stadt erschüttern könnte.«

»Aber, aber, Ratsherr Kock, das ist ja gewiß übertrieben«, beschwichtigte Bürgermeister Thomas Andersen.

»Nein, nicht im geringsten«, griff Andreas Beyer ein, immer lange im Hintergrund bleibend, aber immer gut informiert. »Es ist sogar noch schlimmer, als Peter Kock glaubt. In einigen Gassen hat sich seit heute nacht ein Fieber ausgebreitet, und die betroffenen Dienstboten und Handwerker sind fest überzeugt davon, daß es ihnen jemand an den Hals gehext hat. Gleichzeitig liegen in denselben Gassen außergewöhnlich viele tote Ratten herum, und Blutspuren von den Tieren sind überall zu sehen. Ich hörte selbst die Behauptung, daß es heute nacht Kadaver und Blut geregnet habe. Und weil eben dieselben Viertel vom Hochwasser bedrängt werden, ist es nur natürlich, daß für die Leute der Jüngste Tag angebrochen ist. Deshalb hat sich die Stimmung im Vergleich zu gestern so entscheidend geändert. Genau wie Peter Kock sehe auch ich die unmittelbare Gefahr für die Stadt. Wenn wir die Menge nicht hier auf dem Marktplatz unter irgendeinem Vorwand festhalten können, wird sie sich wohl bald ein Ventil suchen, und wir werden nicht mehr in der Lage sein, sie aufzuhalten.«

Bedrückt hörten sich alle den Bericht über die Lage an. Einen angemessenen und für alle befriedigenden Ausweg aus dem Dilemma wußte niemand.

Johann Crantz stellte fest: »Ihr meint also, daß wir billig davonkommen, wenn die Sache mit einer Hexe erledigt werden kann?«

Arne sagte erbittert: »Gestern hätten wir uns noch freikaufen können, heute muß es schon ein menschliches Opfer sein! Warum konntet Ihr Euch nicht entschließen, rechtzeitig zu handeln, als der Kaufpreis noch gering war.«

»Ihr habt sicher recht, Arne«, sprach Johann Crantz diplomatisch, »und wir müssen daraus die schmerzliche Lehre ziehen, daß es morgen noch teurer wird als heute und immer teurer, je länger wir warten. Wir haben also keine Wahl, sondern müssen die Hexe annehmen, die das Volk uns bietet. In diesem besonderen Fall werden wir den Prozeß ex officio führen. Stimmt Ihr Herren alle zu?«

»Ja«, nickten sie alle.

Petrus Jacobi stand auf: »Ja, unter der Bedingung, daß der Prozeß sorgfältig und unter Wahrung aller üblichen Maßnahmen durchgeführt wird. Ich werde nicht zulassen, daß die Angeklagte kurzerhand verbrannt wird, ohne Geständnis und ohne Hexenproben, das widerspräche dem geltenden Recht. Wir werden uns genauestens an den Malleus maleficarum und vor allem an die Panurgia lamiarum anlehnen, die doch die örtlichen Verhältnisse besonders berücksichtigt.«

Arne sprang entsetzt auf. »Peter Jacob, wir waren uns doch einig, daß diese Person nicht die geringste Schuld an den Vorkommnissen trifft. Ihr wart alle bereit – und ich auch, wie ich beschämt feststellen muß –, sie aus politischen Gründen zu opfern. Aber es sollte reichen, sie zum Schein festzunehmen, meinetwegen auch unter großem Brimborium, sie aber heimlich aus der Stadt zu schleusen, wenn sich das Volk wieder beruhigt hat. Hoffen wir, daß die Person dabei nicht vor Schreck stirbt!«

»Ihr macht Euch selbst etwas vor, Arne«, rief Petrus Jacobi. »Wenn der Prozeß einen Sinn haben soll, dann nur, indem er nach den Regeln der Jurisprudenz durchgeführt wird. Eine Fälschung merkt das Volk sofort. Woher nehmt Ihr eigentlich die Überzeugung, daß die Frau nichts mit den Ratten und dem Fieber zu tun hat? Diejenigen, die sie für eine Hexe halten, müssen doch einen Grund haben. Ich will Euch nicht mit Einzelheiten langweilen, aber eine ähnliche Anklage erging vor fünf Jahren in der Karrharde. Nur hatte es dort Fischköpfe und Blut geregnet. Nach sorgfältigster Recherche wurde die Hexe in Stedesand ermittelt, ordnungsgemäß verhört und verbrannt. Glaubt mir, wenn diese hier etwas mit den Vorkommnissen zu schaffen hat, werden wir es herausfinden und sie gerecht aburteilen!«

»Ihr sprecht von einer Frau, Peter Jacob. Habt Ihr sie schon gesehen?« fragte Johann Crantz.

Petrus Jacobi zögerte. »Nein, natürlich nicht.«

»Woher wißt ihr denn, daß es sich um eine Frau handelt?« hakte der stellvertretende Bürgermeister nach.

»In fünfundneunzig von hundert Fällen ist eine Hexe eine Frau«, antwortete der Jurist. »Das ist die natürliche Folge davon, daß eine Frau den Einflüsterungen des Teufels leichter unterliegt als ein Mann. Laßt Euch die Hexe bringen, und Ihr werdet sehen, daß ich recht habe.«

Arne war blaß, aber er kämpfte mit allen Mitteln: »Seid Ihr Euch darüber im klaren, daß dort unten nicht mehr nur niederes Volk steht? Auch einige Bürgersfrauen haben sich mittlerweile unter die Menge gemischt. Was ist, wenn die als Hexe bezeichnete Person eine Ehefrau von einem von Euch ist? Sied Ihr dann alle mit Peter Jacob der Meinung, daß das peinliche Verhör die Wahrheit an den Tag bringen werde?«

Schweigen entstand.

Erland Kalf, dessen Ehefrau für ihre Neugier bekannt war, erwiderte dann: »Jegliche Ehefrau von uns ist über jeden Verdacht erhaben. Unsere eigenen Frauen können wir guten Gewissens als Ursachen für die Vorkommnisse ausklammern.«

»Es ist selbstverständlich, daß unsere Frauen von so feinem Geblüt sind, daß sie ein peinliches Verhör nicht ertragen können«, stimmte Heinrich Blome zu. »Sie würden vermutlich bereits vor Schreck sterben, bevor die Daumenschrauben angesetzt worden sind, was übrigens der beste Beweis dafür ist, daß sie keine Hexen sein können, denn die verstehen es, sich am Leben zu erhalten.«

Die übrigen Ratsherren nickten erleichtert. Heinrich Blome drückte präzise das aus, was sie alle meinten.

»Oh, nein.« Der entschiedene Widerspruch kam vom Juristen, der im übrigen als Unverheirateter nicht direkt betroffen war. »Jeder Fall, wessen Frau es auch immer sei, muß untersucht werden. Arne soll uns nicht wieder vorwerfen können, daß wir mit verschiedenerlei Maß messen. Außerdem möchte ich an den Fall von Ratsherr Godber Spreckelsens Frau erinnern, die vor 15 Jahren hier in Tondern verbrannt wurde, nachdem die Schwimmprobe eindeutig ihre Schuld erwiesen hatte. Ich wollte damit sagen, daß Ratsfrauen keineswegs über jeden Verdacht erhaben sind.«

Die Ratsherren schwiegen hilflos und konnten nur hoffen, daß die Hexe sich nicht als die eigene Ehefrau herausstellen würde. Stattdessen: Arne schwieg. Der Bürgermeister ergriff das Wort.

»Ihr Ratsherren, es scheint, daß wir uns im großen und ganzen über den Weg einig sind, den wir zu beschreiten haben, und wir werden die Verhaftung unverzüglich in die Wege leiten.«

Der Bürgermeister winkte nach diesen abschließenden Worten den Ratsdiener zu sich, schickte ihn nach einem leisen Wortwechsel hinaus und diktierte dem Ratsschreiber Beschluß und Begründung in die Feder, während die anderen Ratsherren warteten.

Da der Rat unmöglich seine Neugier über den Fortgang der Ereignisse draußen auf dem Platz zur Schau stellen konnte, war man leider gezwungen, sitzend zu warten. Einzig der vor Nervosität vibrierende Petrus Jacobi war nicht zu halten und beobachtete im Schutz eines Pfeilers zwischen den Fenstern die Verhaftung.

Inken stand inzwischen eingekeilt in einer Menge Menschen, die sie anrempelten, an ihren Kleidern zogen und rissen und boshaft immer wieder »Hexe« schrien. So konnte der Stadtvogt sie leicht ausfindig machen; er ließ sich von den ihn begleitenden Stadtdienern mit »Platz da« eine Gasse bahnen und folgte würdevoll. Die Amtstracht des Ratsherrn machte ihn zu einer Respektsperson, obwohl er den Ratsherren bei weitem nicht gleichstand, aber ein Privileg des Herzogs hatte die Stadtvögte bereits vor Jahren wenigstens äußerlich den Stadtregierenden angeglichen, um ihre Geltung zu stärken. Gegenüber Inken hätte es jedoch keiner Amtstracht bedurft, um sich durchzusetzen, denn sie war so verängstigt, daß sie ihm widerspruchslos folgte, nicht nur das, sie empfand sein Geleit fast als Rettung vor der wütenden Menge. Um so größer war dann ihr Erstaunen, als er sie ohne ein Wort der Erklärung zur Westseite des Rathauses brachte, wo sich das Gefangenenloch der Stadt befand, unter der Erde, mit einer kleinen Öffnung in der Mauer nach der Seite zur Hopfenkarre. Dennoch wäre sie froh gewesen, daß man sie nicht in die Gefangenenzelle in die Büttelei gesteckt hatte, wenn sie den Unterschied zu würdigen gewußt hätte. Unter dem Gejohle und dem Gepfeife der Leute, die den Vorgang schadenfroh verfolgten, stießen die Stadtdiener Inken die Treppe roh hinunter und schlugen die schwere Bohlentür hinter ihr zu. Inken sank weinend auf den Boden, verwirrt und verzweifelt.

Oben im großen Saal nahm mancher Ratsherr erleichtert zur Kenntnis, daß er und seine Familie von der Verhaftung nicht direkt betroffen war, denn die Hexe war eine allen völlig unbekannte Person.

13. Verhör

Inken saß nur wenige Stunden im Gefangenenloch, aber in der Dunkelheit, ohne Essen und Wasser und vor allem ohne jeden menschlichen Kontakt – und wenn es nur eine Stimme gewesen wäre. So aber kamen ihr die Stunden wie Tage vor. Dennoch hatte es auch sein Gutes, daß sie nicht sofort dem Gericht vorgeführt wurde, denn ihre anfängliche Verwirrung schwand allmählich, und sie begann darüber nachzudenken, was ihr passiert sein mochte. Es lag auf der Hand, ihre Verhaftung mit der dicken Frau in Zusammenhang zu bringen, die geglaubt hatte, Inken sei eine Hexe; aber unverständlich blieb ihr die Tatsache, daß nicht nur die anderen Leute, sondern vor allem die Stadtregierung sich dieser Behauptung angeschlossen hatte, und alles nur auf den Ruf einer einzigen Person hin.

Nach dem Mittagessen desselben Tages traf sich der Rat wieder, obwohl mancher diese unziemliche Hast ablehnte. Dennoch machten es die bedrohlichen Ereignisse des Vortages und des Morgens nötig, noch am Nachmittag einen bindenden Entschluß wegen der Hexe zu fassen, vor allem im Hinblick darauf, daß das Volk beruhigt werden mußte.

Nach kurzer Beratung wählte man den Untersuchungsausschuß, zu dem u. a. unter Vorsitz von Johann Crantz die Ratsherren Petrus Jacobi, Peter Kock, Heinrich Blome und Arne Mickelsen gehörten. Dieser Ausschuß zog sich in den kleinen Saal zurück und ließ sich die Angeklagte vorführen.

Als die Tür zum Gefängnis vom Stadtdiener aufgerissen wurde, stand Inken würdevoll auf und ließ es sich nicht nehmen, ihren Rock glattzustreichen und ihr Haar zu ordnen, bevor sie ihm folgte. Sie gingen an der langen Vorderfront des Rathauses entlang bis zum Eingang. Vom Ratskeller dröhnten Männerstimmen, aber ansonsten lag der Platz ruhig da. Nur wenige Leute waren vom Vormittag noch übriggeblieben, diese waren offensichtlich besorgt und ängstlich, die Angriffslust war von ihnen abgefallen wie trokkener Sand, niemand kümmerte sich mehr um Inken, ja keiner schien zu merken, daß hier die Hexe vorüberging.

Fünf Ratsmänner erwarteten Inken, furchterregend sahen sie nicht aus, aber freundlich begann das Gespräch andererseits auch nicht.

»Wie nennst du dich?« fragte der Vorsitzende der Kommission barsch.

Inken schluckte, sie mußte ihren Mut zusammennehmen. »Inken ist mein Name, mein Vater ist Tade Hansen aus Lügum.«

»Mein Gott, Tade Hansens Tochter«, rief Arne Mickelsen überrascht.

Der bedrohliche Ausdruck verschwand von den Gesichtern der Männer, interessiert wandten sie sich Arne zu, neugierig zu erfahren, wer der Genannte sei. Sie wurden jedoch sofort wieder hoheitsvoll abweisend, als ihnen klar wurde, daß sie ausgerechnet die Tochter des Bauern erwischt hatten, der sich anmaßte, wie ein einem Kaufmann Tonderns Gleichgestellter Handel zu treiben.

»Seid Ihr Ratsherr Arne Mickelsen?« fragte Inken eingeschüchtert.

»Der bin ich, Jungfer«, gab Arne zur Antwort, nachdenklich, weil ihm Verschiedenes bewußt wurde. Vor allem war die Angelegenheit in gewisser Weise noch erschwert worden durch die Person Inkens. Mancher Ratsmann glaubte zwar nicht an Hexen, mochte sich aber freuen, einem Bauern mit solchem Ehrgeiz wie Tade einen Dämpfer zu verpassen, unter welcher Begründung auch immer. Außerdem konnte man ihm, Arne, nun nachweisen, daß er nicht der neutrale Richter war, der er sein sollte.

Johann Crantz räusperte sich. »Jungfer Inken«, stellte er fest, merklich höflicher geworden, »Ihr wißt, warum Ihr hier seid.«

»Nein«, sagte Inken mit fester Stimme, worauf der Vorsitzende erstaunt aufsah, denn er ging davon aus, daß Inken die Schwere der Anklage bekannt war.

»Euch wird zur Last gelegt, eine Hexe zu sein«, erläuterte er, »Ihr habt es selbst gehört, wie das Volk Euch im Chor so nannte.«

»Gehört habe ich es, aber darum ist es noch lange nicht wahr«, erwiderte Inken. Jetzt, wo sie wußte, worum es ging, war sie fest entschlossen, sich eisern zu verteidigen, denn sie wußte sich im Recht. Und da sie rein körperliche Qual im Moment nicht zu befürchten brauchte, gab ihr die Schulung, die sie in den Gesprächen mit dem ehemaligen Gerichtsschreiber Thimsen genossen hatte, genügend Rückhalt, um standzuhalten. Hinzu kam ihre angeborene Freude an Rededuellen. »Wenn das Volk den Amtmann für einen Ehrenmann erklärte, würdet Ihr das allein aus dem Grund für wahr halten?« fragte sie deshalb.

Der Vorsitzende sah Inken sprachlos an. Es war eine Unverfrorenheit von einem Angeklagten, seinerseits Fragen zu stellen. Ganz abgesehen davon, daß diese Frage natürlich nicht zu beantworten war. Eine Bejahung war eine glatte Lüge, wie jeder hier wußte, eine Verneinung war die Antwort, die Inken hören wollte. Trotzdem mußte er innerlich lächeln, und er sah, daß es den Kollegen ebenso erging. Er bemühte sich sehr, den erwartungsvollen Glanz in Inkens

Augen zu ignorieren. Auch Arne mußte sich das Lachen verkneifen. »Wie der Vater«, dachte er. »Aber Vorsicht, Inken, zuviel Mutterwitz kann auch als Beweis für eine Hexennatur herhalten.«

»Jungfer«, sagte der Vorsitzende nun, »nicht ob der Amtmann ein Ehrenmann ist, sondern ob Ihr eine Hexe seid, soll hier beurteilt werden.«

»Wer soll das beurteilen?« wollte Inken wissen, »Ihr oder das Volk?«

»Das Volk hat sich bereits zu einem Urteil entschlossen, wir selbst werden uns in dieser Sitzung entscheiden.« Johann Crantz straffte den Rücken, und auch Inken fühlte, daß das Wortgeplänkel vorbei war. »Die Anklage lautet auf Schadenzauber, Ihr hättet heute nacht Blut und Ratten regnen lassen, und außerdem verschiedene Menschen dieser Stadt mit Fieber belegt.«

Noch bevor Inken antworten konnte, sagte Petrus Jacobi warnend: »Kommt uns nicht mit Ausflüchten, Jungfer. Wir behandeln Euch sehr zuvorkommend, Ihr sagt uns dafür ohne Umschweife die Wahrheit, nämlich, wann und warum Ihr gehext habt, und wer Euch geholfen hat.« Weil Inken den Kopf schüttelte, bekräftigte er nochmals: »Doch, sehr zuvorkommend, wir hätten nicht nötig, Euch überhaupt die Anklage mitzuteilen, das ist in Hexenprozessen unnötig.«

»Ist dies hier denn ein Prozeß?« fragte Inken erschrocken.

»Nein, eine Voruntersuchung. Zur Urteilsfindung überstellen wir Euch mit dem Schuldspruch der Harde, das heißt, bis Ihr auf den Scheiterhaufen kommt, werdet Ihr erst in das Schloßgefängnis geworfen.«

»Nein, nein«, wehrte Inken entsetzt ab, der jetzt die ganze Tragweite der Angelegenheit bewußt wurde. Das war genau das, was der Jurist beabsichtigt hatte.

»Werdet Ihr uns also die Wahrheit in allen Punkten sagen?« fragte Petrus Jacobi. Und zum Stadtknecht gewandt, forderte er ihn auf, dem Scharfrichter mitzuteilen, daß dieser sich mit seinen Instrumenten zur Schreckung bereithalten sollte.

»Ja, gewiß«, stammelte Inken.

»Gut, dann beantwortet jetzt die Frage, die Johann Crantz Euch vorhin gestellt hat.«

»Er hat mir keine gestellt«, antwortete Inken leise und schüchtern, aber nicht eingeschüchtert, was alle Ratsherren aufmerksam zur Kenntnis nahmen.

»Inken, geht bitte auf den Sinn dessen ein, was gesagt wird«, forderte Arne sie eindringlich auf. »Ihr sollt keine Wortklauberei betreiben, wenn Ihr wollt, daß wir Euren Fall wohlwollend beurteilen«, fügte er warnend hinzu. »Versteht Ihr, was ich meine?«

»Ja«, sagte Inken.

Johann Crantz forderte Inken auf: »Nehmt also Stellung zu der Anklage.«

»Ob es Blut und Ratten geregnet hat, kann ich nicht beurteilen«, meinte Inken nüchtern, »aber ich halte es für wenig wahrscheinlich. In Lügum kennen wir nur Regen, Hagel und Schnee. Ihr selbst müßt wissen, ob es bei Euch üblich oder möglich ist. Ich jedenfalls beherrsche solche Künste nicht, und ich kenne auch niemanden, der es tut.«

Die Ratsherren schlugen die Hände über den Köpfen zusammen. Peter Kock rief erregt: »Jetzt merke ich schon, warum das Volk Euch für eine Hexe hält. Ihr sprecht, als ob dergleichen für Euch alltäglich sei. Darin allein zeigt sich schon Eure Hexenkunst!«

Die anderen nickten zustimmend und mit bedenklichen Mienen. Ratsherr Arne saß mit versteinertem Gesicht da.

Und Inken fuhr fort, ohne sich um die Gefahr zu kümmern, und als ob sie wirklich der Teufel ritte: »Ich glaube eher, daß die Ratten mit dem Schmutz in Euren Hintergassen zu tun haben. Denn wo Dreck liegengelassen wird, gibt es immer Ratten. Bei uns auf dem Hof kennen wir die gar nicht, denn wir halten Stall und Hof so sauber, daß sie dort keine Nahrung finden. Aber bei unseren Nachbarn kommen sie scharenweise – da sieht es ungefähr so aus, wie in den Hintergassen hier in Tondern –.«

Außer Arne waren alle empört, von einem jungen Landmädchen sich sagen lassen zu müssen, was sich wie ein Versäumnis anhörte.

»Jungfer Inken, Ihr mißversteht die Frage«, erklärte Johann Crantz dennoch geduldig. »Die Frage ist nicht, ob es schmutzig ist, sondern woher die Ratten plötzlich kommen. Die Erklärung des Volkes ist, daß sie hierher gehext wurden, und zwar von Euch. Und wie nehmt Ihr dazu Stellung?«

»Ich nehme an, daß die Ratten schon immer hier waren!« rief Inken überrascht aus. »Ihr solltet Euch nur fragen, warum sie jetzt alle herauskommen und sterben. Ich selbst nehme an, daß sie vor dem Wasser flüchten. Sie sind ja schließlich keine Fische.«

Nun war die Reihe an den Ratsherren zu staunen. Sachlich hatte noch niemand die Sache betrachtet. Es ging immer nur darum, ob jemand glaubte oder nicht glaubte, daß die Tiere behext seien. Um eine tatsächlich beweisbare Erklärung hatte sich noch niemand bemüht.

»Ja, gut«, sagte Johann Crantz zögernd und dachte bei sich, daß die Erklärung des Mädchens nicht von der Hand zu weisen sei. »Und was meint Ihr zu dem Fieber?«

»Das weiß ich nicht«, antwortete Inken, »denn wir hatten die Pest erwartet, die sofort tötet, nicht ein Fieber.«

»Jungfer Inken«, rief da mit einschüchternder Donnerstimme Petrus Jacobi, »Ihr habt soeben gestanden, das Fieber hierhergebracht zu haben, nicht nur das, nach Eurem Willen hatte es sogar die Pest sein sollen! Und wer war Euer Komplice?«

»Komplice? Was meint Ihr?« Inken war nicht klar, was der Ratsherr wissen wollte. »Kapitän Ketel und ich waren der Meinung, daß es die Pest ist, die auf seinem Schiff in die Stadt kam. War das Eure Frage?« wollte Inken zögernd wissen.

»Kapitän Ketel also, so, so!«

Die Ratsherren sahen sich erstaunt an. So einfach hatten sie sich die Angelegenheit nicht gedacht. Aber das Schuldbekenntnis war ganz eindeutig, daran war nicht zu rütteln. Das Mädchen hatte zwar eine Mitschuld am Rattensterben abgelehnt, aber das Fieber hatte es zusammen mit Kapitän Ketel hierhergebracht. Freimütig hatte es die Jungfer sogar Pest genannt.

Johann Crantz, von Natur aus gutmütig, versuchte es noch einmal: »Jungfer Inken, ich fürchte, Ihr seid Euch über die Tragweite dessen, was Ihr eingestanden habt, nicht im klaren. Ihr habt zugegeben, das Fieber, das Ihr Pest nennt, zusammen mit Kapitän Ketel in die Stadt gebracht zu haben. In der üblichen Nomenklatur – also Bezeichnung – ist dies Hexerei. Und Ihr streitet es nicht ab?«

»Nein, nein, mit dem, was Ihr Hexerei nennt, habe ich nichts zu tun«, rief Inken verzweifelt.

»Es klingt beinahe, als ob Ihr unter Hexerei etwas anderes versteht als ich«, sagte Johann Crantz forschend.

»Ich glaube nicht an Hexerei«, antwortete Inken zögernd und errötete, hauptsächlich vor Ärger, weil ihr klar war, daß sie diese Antwort nicht hätte geben dürfen, aber ihr hatte in der Bedrängnis keine Ausrede einfallen wollen.

Wenn es noch eines Beweises bedurft hätte, so war er jetzt von der Angeklagten selbst geliefert worden. Petrus Jacobi stand im Bewußtsein seiner Wichtigkeit auf und faßte zusammen: »Kollegae, Ihr habt es selber gehört, und es bedarf keines juristisch geschulten Verstandes, um zu begreifen, daß die Angeklagte in vollem Umfang gestanden hat. Wir werden im heutigen Protokoll festhalten, daß Jungfer Inken aus freien Stücken, ohne Anwendung der Folter, ja sogar ohne die Prozedur der peinlichen Befragung zwei Dinge zugegeben hat: 1. Hat sie zusammen mit Kapitän Ketel die Stadt mit

Fieber überzogen, 2. leugnet sie die Existenz von Hexenkünsten. Mit Punkt 1 beweist sie ihre Fähigkeit zu hexen, mit Punkt zwei leugnet sie die Macht des Teufels. Beide Punkte zusammen beweisen klar und eindeutig, daß es sich bei dieser Person um eine Hexe handelt.«

Johann Crantz, dessen Aufgabe es war, das Verfahren zu Ende zu bringen, sagte: »Danke, Petrus Jacobi, wir können damit die Voruntersuchung als abgeschlossen ansehen. Das übliche Verfahren verlangt, daß wir Jungfer Inken nunmehr der Tonderharde zur endgültigen Aburteilung überstellen.«

»Ich möchte noch einen Vorschlag unterbreiten, bevor Ihr Euer Schlußwort sprecht«, fuhr Arne auf.

Johann Crantz, der trotz der abgeschlossenen Voruntersuchung unglücklich wirkte, ließ sich offenbar gerne unterbrechen und gestattete Arne mit einem Kopfnicken zu reden.

»Es hat den Anschein, als ob Jungfer Inken geständig sei«, erklärte dieser. »Aber ich kenne ihren Vater als vernünftigen und klugen Mann und ebenso ihre Mutter. Ich weiß, daß seine Kinder anders aufwachsen, als es üblich ist. Und das ist schließlich keine Begründung dafür, daß jemand zur Hexe werden muß. Ihr habt als kluge Männer alle schon fremde Länder besucht und gesehen, daß die Kinder dort anders erzogen werden als bei uns. Tade lehrt seine Kinder vielerlei, das sie aus anderen heraushebt. Ich weiß, daß Tades Tochter lesen kann, obwohl dies auf dem Lande für ein Mädchen ganz und gar unüblich ist.«

Inken sah ihn überrascht an. Woher hatte er Kenntnisse, die sogar ihrem Vater verborgen waren?

»Ich muß ausdrücklich darauf hinweisen«, fuhr Arne fort, »daß es sich hierbei nicht um Teufels- und Hexenkünste handelt, sondern um Kenntnisse, die sich jeder erwerben kann, ja für die mancher auf die Universität geht. Ich glaube daher, daß Inken im Zusammenhang mit diesem Fieber irgend etwas weiß oder vermutet, das sie uns noch gar nicht gesagt hat. Wenn Ihr Euch in Erinnerung ruft, was die Jungfer wörtlich gesagt hat, so hat sie auch nur davon gesprochen, daß das Fieber auf Kapitän Ketels Schiff in die Stadt gekommen ist. Und darüber hat sie mit Ketel geredet, nichts anderes.«

Johann Crantz und die meisten Ratsherren, mit Ausnahme von Petrus Jacobi, nickten verständnisvoll.

»Ich halte es für eine vernünftige Lösung, wenn wir die juristische Fakultät in Rostock befragen«, meinte der Vorsitzende der Kommission abwägend. »Wir werden, wie gehabt, Christian Nauclerus um Vermittlung bitten und können dann sicher sein, daß der Jungfer durch die gelehrtesten Köpfe in Rostock Gerechtigkeit widerfahren wird.« Nach einer Pause fuhr er erleichtert fort: »Ich muß gestehen, daß auch ich die Hexenriecherei widerwärtig finde. Ich bin froh, daß die Schweden mit diesem üblen Brauch aufgeräumt haben.«

Petrus Jacobi brauste auf: »Wollt Ihr etwa auch leugnen, daß es Hexen gibt?«

»Nein, Ratsherr Jacobi, sicher nicht«, erklärte Johann Crantz beschwichtigend, »aber wir wollen nicht vergessen, daß Leute, genauer gesagt Frauen, häufig nur aus Mißgunst beschuldigt wurden, oder weil die Hexenjäger sich persönlich bereichern wollten. Mit anderen Worten, es wurde Mißbrauch mit der Rechtsprechung getrieben. Nur gegen diese Auswucherungen wende ich mich. Echte Hexen müssen selbstverständlich ausgerottet werden. Und alles in allem glaube ich, ist die juristische Fakultät in Rostock kompetenter darin als wir, echte Hexen von naseweisen Mädchen zu unterscheiden.«

Mit diesen Worten schloß Johann Crantz die Sitzung, erleichtert, daß man einigermaßen heil aus der Schere von Recht und Politik herausgekommen war.

Die Jungfer wurde wieder in ihr Gefängnis geführt.

14. Auf der Suche

Laurens war beunruhigt. Als er sich am Abend verabredungsgemäß mit Ketel im Weißen Schwan treffen wollte, war dieser nicht da, und eine Nachricht war auch nicht hinterlegt worden. Der Bettler wartete noch einige Zeit in der Hoffnung, daß der Kapitän sich nur verspätete, aber nichts geschah. Im Gegensatz zum gutgläubigen Ketel wußte Laurens, daß der Kapitän sich in Gefahr begab, als er den Rat aufsuchte. Denn wenn eine Instanz mit einer gefährlichen Nachricht nichts anzufangen weiß, neigt sie dazu, auf alle Fälle den Träger der Botschaft aus dem Weg zu räumen, in der Hoffnung, daß damit auch der Inhalt der Nachricht verschwindet. Laurens hatte deshalb das sichere Gefühl, Ketel im Gefängnis suchen zu müssen.

Am anderen Morgen wies er deshalb in aller Hast seine Mannschaft ein und eilte zum Rathaus. Enttäuscht mußte er feststellen, daß im Gefangenenloch ein junges Mädchen inhaftiert war, von Ketel aber war keine Spur zu sehen. Da es seines Wissens nach nur zwei weitere Möglichkeiten gab, das Gefängnis in der Büttelei am Osttor und das Gefängnis der Tonderharde im Schloß, lag es nahe, zuerst in der Büttelei zu suchen, denn Ketel konnte keinesfalls in solcher Eile an die Harde überstellt worden sein. Laurens machte sich auf den Weg, durch die Osterstraße zum Ostertor. Den Anfang der Straße bildeten noch prächtige Stavenhäuser, und er bemühte sich, möglichst unauffällig und ungesehen von den vornehmen Bürgern hier durchzueilen. Erst als die kleinen Handwerkerhäuser anfingen, konnte er es sich erlauben, unverhüllt und vor aller Augen zu gehen, denn hier achtete man nicht auf Fremde, hätte dem Büttel auch keine Mitteilung gemacht.

Er erreichte bald das Hospital, das nur klein war und höchstens 20 Kranke aufnehmen konnte; dennoch herrschte hier eine eilige Geschäftigkeit. Mehrere Kranke wurden während des kurzen Augenblicks, in dem Laurens das Hospital beobachtete, hineingetragen. Einer war an seiner Trage festgebunden, schlug aber aufgeregt mit dem Kopf hin und her und murmelte und schrie abwechselnd. Sichtlich fieberte er. Ein anderer Kranker war auf seinen eigenen Beinen und allein hergekommen; er sank vor den Stufen zum Eingang zusammen und mußte von zwei Männern mehr hochgetragen als geleitet werden.

Im Gegensatz zum Apotheker zog Laurens aus seinen Beobachtungen sofort Schlüsse.

»Sieh an«, dachte er. »Ketel hat recht gehabt. Die Kundschaft für das Hospital nimmt bereits zu.«

Er fing jetzt an, sich Sorgen um Ketel zu machen. Vielleicht war der Gedanke an das Gefängnis voreilig gewesen. Ketel mochte auch erkrankt sein. Da war die Inhaftierung noch die bessere der gegebenen Möglichkeiten.

Die Osterstraße mündete auf den weiten Platz, dessen eine Seite von der Bleiche der Färber eingenommen wurde, und wo das geschäftige Treiben des gewöhnlichen Arbeitstages vor Laurens' Augen ablief. Er hatte jedoch keine Zeit, sich umzutun, und wandte sich deshalb zur anderen Seite, wo er in einiger Entfernung das Ostertor schon sehen konnte. Das Haus des Büttels war alt, einige Löcher im Dach deuteten darauf hin, daß dieser vom städtischen Reet entweder keinen Anteil erhielt oder zu faul war, um es zu flikken. Im und am Haus war niemand zu sehen. Jedoch stand die Tür am Giebelende des Hauses weit auf; die Tür, die an ländlichen Häusern den Stalleingang bildete, gab hier den Einblick auf mehrere kleine Zellen frei, in denen sich an diesem Tag niemand befand. Laurens überlegte. Jetzt blieb ihm nur noch die Möglichkeit, den Ratsherrn zu befragen, den Ketel ihm genannt hatte.

Seufzend machte er sich auf den Weg, wobei ihm seine gute Ortskenntnis zustatten kam. Es war ihm sehr lieb, nicht noch einmal durch die Hauptstraße gehen zu müssen, die Nebenstraßen waren für seinen Zweck besser. Im Gegensatz zu den hafennahen Straßen lief hier in der nördlichen Straße hinter den Ställen das Leben seinen gewohnten Gang, und er mußte sich durch spielende Kinder und Haustiere seinen Weg bahnen, Misthaufen umrunden und über Rinnsale mit Abwässern springen. Alles war wohltuend normal im Vergleich zu den überfluteten Straßen am Hafen mit ihren toten Ratten und kranken Anwohnern. Über die Nordstraße schließlich erreichte Laurens die Hinterhäuser von Arne Mickelsens Grundstück, schlich bis zur Hintertür und bat dort eine erschrockene Magd, ihn zu einer Unterredung mit Arne bei diesem zu melden. Auf das Stichwort Ketel Frerksen hin wurde er sofort und ohne Schwierigkeiten vorgelassen. Erleichtert ließ Laurens sich auf dem ihm angebotenen Stuhl nieder.

»Ratsherr Arne Mickelsen«, sagte er zum aufmerksam zuhörenden Hausherrn, »verzeiht mein Eindringen hier, und dazu noch durch die Hintertür, aber ich glaube, es ist im beiderseitigen Interesse, wenn mich niemand zu Euch kommen sieht. Ich bin nicht gerne in Tondern gelitten.« Sein Tonfall ließ alle möglichen Deutungen offen und auch Fragen, aber Arnes Nicken deutete an, daß er diesen Punkt ohne Diskussion zur Kenntnis nahm und Laurens fortfahren solle. »Ich bin in Sorge um den Kapitän, und da er mir Euren Namen nannte, hoffe ich, daß Ihr möglicherweise wißt, wo er sich aufhält. Ihr dürftet ihn noch nach mir gesprochen haben, denn sein Ziel war die Ratsversammlung. Er ist spurlos verschwunden.«

»Weshalb sucht Ihr ihn denn?« war Arnes Frage, der sich seine Verblüffung über den sich gewählt ausdrückenden Bettler nicht anmerken ließ.

»Wir hatten uns für gestern im Weißen Schwan verabredet, und Ketel wollte mir eine Nachricht hinterlassen, falls er wider Erwarten verhindert sein würde. Nun ist er weder gekommen noch habe ich eine Nachricht erhalten, und beides ist ihm völlig unähnlich, denn er ist sehr zuverlässig in solchen Dingen, wie Ihr wohl wißt.«

»Wer seid Ihr denn, wie kommt es, daß Ketel sich mit Euch, einem Bettler, verabredet?« fragte Arne spöttisch und provokativ.

»Ich bin eigentlich kein Bettler«, sagte nach kurzem Zögern Laurens. »Eine Aufgabe, die ich erfüllen muß, erfordert es aber, daß ich mich als solcher gebe. Um Eure erste Frage zu beantworten, so war ich früher Steuermann und fuhr eine Zeitlang mit Ketel. Was mein Verhältnis zu ihm betrifft: Wir sind Freunde. Und hatten wir uns zeitweise auch aus den Augen verloren, sind wir einander doch verbunden geblieben. Und jetzt fühle ich, daß irgend etwas mit ihm los ist. Er kann nur im Gefängnis oder krank oder tot sein.«

Arne war allmählich von der Aufrichtigkeit des angeblichen Bettlers überzeugt.

»Ich weiß, wo er ist, im Gefängnis im Rathaus. Der Rat beschloß, ihn einzusperren, weil er eine Nachricht brachte, die sich dann angeblich als falsch erwies.«

»Im Gefängnis? Das kann nicht sein! Dort habe ich schon gesucht«, rief der Bettler aus. »Da sitzt ein junges Mädchen, aber kein Mann!«

»Ihr habt in der falschen Zelle nachgesehen, das junge Mädchen ist die Tochter von meinem Handelspartner in Lügum. Sie wurde als Hexe festgesetzt. Sie behauptete etwas Ähnliches wie Ketel«, sagte Arne mit einem Seufzer.

»Ihr umgebt Euch mit merkwürdigen Partnern«, meinte Laurens grinsend. »Einer wird als falscher Bote verhaftet, der andere ist Vater einer Hexe, und schließlich empfangt Ihr noch einen Bettler in Eurem Haus. Ich kann mir nicht vorstellen, daß Ihr ein durchschnittlicher Ratsherr seid.«

»Nein, das ist den anderen auch schon aufgefallen«, meinte Arne sarkastisch. »Aber genauso wenig wie Ihr ein Bettler seid, treffen die Anschuldigungen bei Ketel und Inken zu. Ich zermartere mir schon die ganze Zeit den Kopf, um einen Weg zu finden, beide zu befreien.«

»Wenn Ihr mir nun sagen wolltet, wo Ketel sich befindet, will ich ihn schon herausholen, und das Mädchen noch dazu«, sagte der Bettler zuversichtlich.

»Werdet Ihr das schaffen?« fragte Arne überrascht. »Ketel ist in der Arreststube des Ratshauses, oben unter dem Dach, am nördlichen Ende.«

»Ich habe da meine eigenen Methoden. Es ist für Euch besser, wenn Ihr sie nicht erfahrt, Ihr müßt schließlich dem Rat später Rede und Antwort stehen.« Danach verabschiedete Laurens sich und verschwand so, wie er gekommen war, leise und unauffällig durch die Hintertür.

15. Fieber in der Stadt

Obwohl es heller Tag war, kamen jetzt immer mehr Ratten aus ihren Verstecken und Löchern. Sie kümmerten sich nicht im geringsten um die Menschen, die auf den Höfen und in den Ställen ihrer Tagesarbeit nachgingen, sondern liefen oder schwankten ins Freie, als ob sie die Menschen weder riechen noch hören noch sehen konnten.

Ein dumpfes Plumpsen zeigte an, wenn eine Ratte von oben heruntergefallen war und tot liegenblieb. Grazil und leise waren sie nicht mehr. Sie waren nur noch sterbende Körper, mit sich selbst beschäftigt, ohne Angst oder Abscheu vor anderen Lebewesen. Daher lagen graue und schwarze Ratten auf den Höfen durcheinander, manchmal zu zweit oder dritt, die letzte Wärme des Artgenossen suchend.

Anfänglich waren die Bewohner der Hinterhöfe entsetzt, trugen die Kadaver zusammen und warfen sie auf die großen Misthaufen auf der Straße. Nach und nach aber wurde die Zahl der Leute, die sich über die Rattenplage aufregten, geringer, nicht weil die Ratten weniger wurden, nein, es waren weit mehr, als man jemals für möglich gehalten hätte, sondern weil die Anwohner bald mit sich selbst genug zu tun bekamen. Denn die Zahl derer, die an hohem Fieber erkrankten, stieg sprunghaft. Die Krankheit breitete sich schnell in den Häusern im Hafengebiet und in den Hinter- und Bediensteten-häusern zwischen dem Hafen und der West-Ost-Achse der Stadt aus.

Der Apotheker Michel Fenzke rieb sich in den ersten Stunden dieses Morgens froh die Hände. Er fand es höchst erfreulich, wie hoch die Einnahmen stiegen. Es war nur ein kleiner Wermutstropfen für ihn, als er erfuhr, daß drei Leute seines Gesindes nicht arbeiten konnten, weil sie ebenfalls am Fieber erkrankt waren. Leicht knurrend gab er der Magd, die ihm berichtete, fiebersenkende Gewürze mit. Branntwein und Fieberpulver erhielt sie allerdings nicht, diese kostbaren Heilmittel waren den zahlenden Kunden vorbehalten.

Auch Agnes aus der Wulfstraße hatte bereits gute Geschäfte gemacht, aber anders als beim Apotheker lagen bei ihr die Hauptgeschäftsstunden nachts, und die Kunden kamen verstohlen. Agnes lächelte zufrieden vor sich hin, als sie daran dachte, wie leicht sie den Hexensuchern ein Schnippchen geschlagen hatte. Nach ihrem Grundsatz, daß Vorbeugen besser ist als Heilen – den sie allerdings verständlicherweise für sich selbst behielt, aus Geschäftsgründen –, war ihr der Gedanke blitzschnell gekommen, daß sie die kirchliche Hexensucherei auf raffinierte Art von sich weglenken konnte, indem sie ein passendes Opfer fand. Seit geraumer Zeit nämlich hatte sie den Verdacht, daß ihre Tätigkeit zunehmend unsicher wurde, denn im Holsteinischen häuften sich bereits die Prozesse gegen Hexen. Dabei war sie keine solche, sie wies den Gedanken weit von sich, sie ging nur mit Kräutern um, Schadenzauber übte sie nicht aus. Aber dennoch: Wo gesucht wurde, fand sich meist ein Opfer, und da sie als Töwersche, als Zauberin, galt, brauchte man nicht lange zu fragen, auf wen die Wahl fallen würde, wenn – was Gott verhüte – in Tondern die Hexensucherei losging. Und just, als ihr auf der Straße eben dieser Gedanke durch den Kopf gegangen war, hatte sie das junge Ding zu Gesicht bekommen, das ihr wie gerufen kam.

Mit wollüstigem Schaudern dachte sie an das hübsche Landmädchen und rühmte sich ihrer eigenen Schlauheit, die sie bewiesen hatte, obwohl sie durch das giftgetränkte Schwämmchen, das sie benutzte, wenn ihr danach war, noch etwas benommen gewesen war.

Wenn sie die Augen zumachte, konnte sie noch einmal einen Abglanz des Gefühls zurückrufen, das sie da draußen auf der Straße gehabt hatte: Wie eine Ratte hatte sie sich gefühlt, und mit den anderen Ratten war sie durch die Gossen gezogen, den Schwanz einer anderen fest in ihrer Hand. Auf ihrer Haut hatte sie die lodernden Flammen des Scheiterhaufens gefühlt, brennend, sengend, und lichterloh hatte sie gebrannt. Gleichzeitig wußte sie mit aller Klarheit, daß nicht sie selbst dort oben saß, sondern das Mädchen mit dem engelhaften Gesicht, das plötzlich die Gestalt eines Esels annahm. Und dann – gewissermaßen, als ob sie neben sich selbst stünde, hatte sie sich in die Lüfte erhoben, war zum Marktplatz geflogen, und war doch gleichzeitig bei den anderen Ratten gewesen. So hatte sie die Verdoppelung ihrer selbst erlebt. Erst allmählich waren diese Visionen abgeklungen, aber je klarer sie wieder denken konnte, desto sicherer wurde sie, daß das junge Mädchen die gesuchte Hexe war. Nach Hexenart hatte das junge Mädchen sich ja auch befreien können, obwohl Agnes hätte beschwören können, sie festgehalten zu haben. Den Vorteil, der sich daraus ergab, daß die Hexe ihr später wieder in die Arme gelaufen war, wollte sie, Agnes, wohl ausnutzen. Denn erstens wurden die Leute nun in ihrem Glauben bestärkt, daß sie, die Kundige, wundersame Kräfte hatte, und zweitens meinten sie in ihrer verstärkten Angst, Gegenmittel besonders nötig zu haben. Und diese lieferte Agnes.

»Nun, Hexen verdienen es nicht anders«, dachte sie befriedigt, und widmete sich ihren Kräutern, die sie selbst gepflanzt und gepflückt hatte, bei zunehmendem Mond natürlich, damit sie ihre Heilkraft behielten. Ihr Gärtchen hinter dem Haus war zwar nur klein, aber für die Pflanzen, die sie selbst anbauen konnte, allemal groß genug. Sie ernährte sich jedenfalls gut von dem, was ihre Kunden ihr als Bezahlung für ihren, Agnes, Beistand mitbrachten. Und war sie einigen Leuten wegen ihrer sonderbaren Gewohnheiten auch schon verdächtig geworden, so genoß sie doch andererseits den Schutz sogar von städtischer Seite. Denn sie war die einzige, die mit Heilkräutern umgehen konnte, besser als der Apotheker. Der Apotheker verkaufte lieber mit großem Gewinn landesfremde Gewürze, die er von Süddeutschland und Italien importierte, als daß er sich die Mühe der Gewinnung und Zubereitung von Heilmitteln aus einheimischen Kräutern gemacht hätte, vielfach unter langen Vorbereitungen und Beschwörungen. Und es war natürlich undenkbar, daß ein Michel Fenzke nachts mit nacktem Hintern seine Kräuter gesät hätte, eine Notwendigkeit, der sich Agnes selbstverständlich unterzog, weil es die Heilkraft mancher Pflanzen entscheidend bestimmte. Eigentlich hätte sie ganz nackt sein sollen, aber als Notbehelf ging es mit dem nackten Hinterteil auch, vor allem weil niemand davon erfuhr, denn die Röcke bedeckten sie ja.

Ja, Agnes war sehr zufrieden mit den letzten Stunden. Sie saß am großen Tisch in ihrer Kammer, in der sie die Zutaten für ihre Kuren aufbewahrte, und band Sträuße mit Kräutern neu, mahlte Pulver, füllte es in kleine Säckchen und markierte sie, um den Inhalt kenntlich zu machen.

In ihren verschiedenen Abteilungen führte sie getrocknete Wurzelstöcke, getrocknete Kräuter – ganz oder gemahlen –, Früchte und Beeren, ganze Blüten, Samen, Knollen und in Öl eingerührte und haltbar gemachte Pflanzenbestandteile. Und jedes Teil forderte eine gesonderte Aufbewahrung.

Wie es der uralte Ritus vorschrieb, murmelte sie bei der Berührung ihrer Heilmittel die Beschwörung:

Gegen neun greuliche Gifte
nehm ich neun heilende Säfte
gegen das Gift aus dem Norden und das aus dem Süden,
wie gegen das aus dem Osten und auch aus dem Westen.
Beifuß und Wegerich
Stune und Attorlathe,
Kamille und Wergulu
Kerbel und Fenchel.

Daß ihr in der Beschwörung ein Kraut verlorengegangen war und daß ihr die Kenntnis von den Kräutern Stune, Attorlathe und Wergulu fehlte, machte sie durch Inbrunst wett und arbeitete überhaupt angespannt, um für den erwarteten Ansturm weiterer Kunden vorbereitet zu sein. In Sonderfällen hatte sie das Benedicite und die Litanei aufzusagen, das noch aus der Zeit der Mönche in Tondern stammte. Aus Ripen, wo diese damals hingeflohen waren, hatte sie sich auch den Text beschafft.

Aber sonst gab es wenig Geheimnisvolles an ihren Kräutern. Vor sich selbst gab Agnes zu, daß die Wirkung ihrer Pulver hauptsächlich aus sich selbst zu kommen schien. Andererseits konnte man natürlich nicht wissen, in welchem Ausmaß deren Heilkräfte durch

Sprüche verstärkt werden konnte, oder, anders gesagt, ob es nicht unangenehme Folgen haben konnte, die Vorschriften nicht zu beachten. Insofern beabsichtigte Agnes nicht im geringsten, die altüberlieferten Anweisungen zur Gewinnung und Zubereitung zu mißachten.

In Agnes' umfangreicher Sammlung befanden sich Heckenrosenblüten, Wacholderbeeren, Petersilienwurzel gegen alle möglichen Harnleiden, die große Gruppe der Kräuter gegen Husten und Brustleiden wie Holunder, Malve, Schlüsselblumenblüten, Wegerich und Quendel, sowie die gegen verschiedene Frauenleiden hilfreichen Mittel Schafgarbe, Taubnessel und Mutterkorn, nicht zu vergessen diejenigen für junge Mädchen, die die Bekanntschaft mit der vereidigten Wehmutter von Tondern vermeiden wollten. Auch herzstärkende Tinkturen bereitete sie zu, war aber immer sehr zurückhaltend mit ihrer Verabreichung, denn auf Maiglöckchen und Bilsenkraut war nicht immer Verlaß, was sie dummerweise schon einmal selbst erfahren mußte. Aber sie konnte sich darauf verlassen, daß sie nicht angezeigt wurde.

Wie gesagt, nicht alle Kräuter konnte Agnes selbst ziehen. Den Farnsamen, der unsichtbar machen konnte, hatte sie in der Johannisnacht geholt und in ein Federröhrchen eingeschlossen. Häufiger zu verwenden war vom Farn allerdings der Wurzelstock, der ein starkes, aber nicht ungefährliches Gift für Würmer in den Gedärmen war. Ebenfalls am Johannistag mußte das Johannisblut gepflückt werden, unter strengstem Stillschweigen in der ersten Mittagsstunde, worauf es in einer Hornbüchse verwahrt wurde, und dann gegen Krankheit allgemeiner Natur und Unglück schützen konnte. Nur in der Hexenkuhle hinter dem Hochgericht und in den Sanddünen bei Lügum war es zu finden.

Aus Alsen bezog sie den stinkenden Knoblauch gegen alle Arten von Fieber; das Gnadenkraut, die Pimpernell und die Pestwurz kamen noch weiter her, nämlich mit den Hopfenhändlern aus Hannover, die es ihrerseits aus Süddeutschland bezogen. Je weiter der Reiseweg ihrer Kräuter war, desto teurer waren sie, und desto weniger besaß sie davon. Eine solche Kostbarkeit war die Eichenmistel, die auch Omniasanantem genannt wurde, und die gegen die fallende Sucht half. Heute nacht nun hatte sich herausgestellt, daß Agnes weder Beschreikräuter noch Mittel gegen Durchfall oder Blasenleiden benötigte, sondern ausschließlich Heilmittel gegen Fieber.

Leise wurde die Haustür aufgemacht und wieder zugedrückt. Mit schleppenden Schritten tastete sich die Frau des Löwenwirtes in die kleine Stube.

»Muhme Agnes«, flüsterte sie leise, »kannst du mir ein Mittel gegen argen Husten und hohes Fieber geben?«

»Hast du das?« fragte Agnes streng, »dann bleib im Bett liegen, die kalte Luft schadet.«

»Ich habe das Fieber, das ist wahr, aber meinem Vater geht es schlechter, ihm ist es auf die Lunge geschlagen. Seit kurzer Zeit erst, aber er fiebert und ist benommen, wirft sich im Bett herum und redet wirr. Ich fürchte, er stirbt«, setzte sie tonlos hinzu, lehnte sich an die Wand und rutschte an ihr entlang nach unten, wo sie bewußtlos liegenblieb.

»Na, dir geht es aber auch nicht besonders gut«, murmelte Agnes und schimpfte lautlos vor sich hin. Die Kunden sollten ihr Haus lebend verlassen, an Sterbenden hatte sie nicht das geringste Interesse, die waren schlecht für den Ruf und das Geschäft. Trotzdem konnte sie die Gerke vom Löwen natürlich nicht liegenlassen. Mühselig zog sie die ans Fenster und wälzte sie dort auf die lange Bank hoch. Dann mußte sie erst verschnaufen, bis sie sich der Kranken widmen konnte. Als sie ihr das Tuch vom Hals abgelöst und Jacke und Bluse aufgeschnürt hatte, schrak sie zurück bei der Berührung mit der heißen, trockenen Haut der Kranken. Purpurrot war die Haut stellenweise verfärbt. Agnes schob ihre Hand tastend vor und fühlte eine harte Schwellung in der Achselhöhle. Ein furchtbarer Verdacht kam ihr. »Hel geht um«, flüsterte sie.

Die Beulen in den Leistenbeugen der Frau konnten ihr nur noch bestätigen, was sie ahnte: Pest! Agnes trat voll Entsetzen von der Bank zurück und Gerke fiel – nunmehr ohne Stütze – wie leblos auf den Boden. Agnes würdigte sie keines Blickes mehr, sie mußte jetzt tun, was zu tun war. Sie holte aus ihrer Kräuterkammer die Raute, die da, wo sie herkam, Gnadenkraut genannt wurde, und auch die Pimpernell, deren Wurzel einen bocksartigen Geruch ausströmte, den sie hastig und erregt einsog. Beide verband sie mit einer Schnur, die sie sich andächtig um den Hals legte: »Ich beschwöre dich bei den heiligen Namen Jaoth, Sabaoth, Adonai, Eloi!«

Als Zweiglein und Wurzel an ihrer Brust ruhten, streute sie einige Körner Salz darauf und sprach die Formel: »Wie dieses Salz sich nicht vermehrt, so mehre sich auch nicht das Leiden an meiner Person«, womit der Zauber seine Richtigkeit hatte.

Wenn jetzt nachts wieder das graue, blinde und dreibeinige Pferd durch die Straßen trabte, war sie gefeit.

»Warte, vor meiner Tür wirst du nicht stehenbleiben!« versprach sie sich selbst zufrieden.

Sie war noch mit ihrem Gegenmittel beschäftigt, als sie durch ein

Geräusch darauf aufmerksam wurde, daß die Löwenwirtin sich langsam und stöhnend aufrichtete.

»Es ist die Pest«, schrie sie da, »du hast die Pest, Löwenwirtin, verlasse mein Haus auf der Stelle!«

»Hilfe«, stammelte diese, »gib mir doch ein Kraut dagegen!«

»Dagegen gibt es nichts, du bist verloren«, antwortete Agnes, die Kundige, wahrheitsgemäß, denn niemals hatte man von einem wirklich wirkenden Gegenmittel gehört, wenn einer die Beulen hatte.

Und ob die Löwenwirtin dies nun glaubte oder zu schwach zum Streiten war, sie schleppte sich noch mühseliger als vorhin wieder zur Tür hinaus, während Agnes hinter ihr die Tür verriegelte.

Beide Stadtteile, das Südost- und das Nordostquartier, erlebten in den Morgenstunden zwar einen sprunghaften Anstieg von Fiebererkrankungen, aber ernst genommen wurde die Krankheit erst, als sie auch in den zu den Hinterhäusern gehörenden Giebelhäusern Einzug gehalten hatte. Häufig war als erste von der Familie die Hausfrau betroffen, die über ihre Mägde strenge Kontrolle ausübte und sich vergewissern mußte, ob die Mädchen auch wirklich arbeitsunfähig waren. Manche spürte dann nicht lange, nachdem sie am Krankenbett einer Bediensteten gestanden hatte, ein leichtes Unwohlsein, das sie zwang, sich hinzusetzen. Das brachte aber auch keine Abhilfe, und so lag schließlich die Hausfrau ebenso wie ihre Magd im Bett mit hohem Fieber, unfähig, sich zu rühren.

Im Verlauf des Nachmittags wechselte jedoch das Fieber auch in die anderen Stadtteile hinüber und war bald das Gesprächsthema der ganzen Stadt. Plötzliche Todesfälle wie die, mit denen die Erkrankung ihren Einzug in Tondern gehalten hatte, traten nicht mehr auf. Das nützte jedoch nicht viel, denn es begannen am Spätnachmittag hier und da die am Fieber Erkrankten zu sterben; meistens sanken sie in tiefe Bewußtlosigkeit und wachten nicht mehr auf. Einer der ersten war der Vater der Löwenwirtin. Bei ihm war, nachdem er anfänglich schwere Hustenanfälle mit hohem Fieber gehabt hatte, das Fieber nach einigen Stunden ruckartig noch gestiegen, er hatte erbrochen, und der Bauch war schmerzhaft gespannt. Dunkle, fast schwarze Flecken tauchten überall am Körper auf, und nachdem er sich anfänglich noch im Bett hin- und hergeworfen hatte, so daß man ihn hatte fesseln müssen, wurde er danach immer matter, und sein Herz hörte zu schlagen auf. Niemand stand ihm in den letzten Stunden bei, denn die Mägde und der Schankknecht waren wegen der unheimlichen Dinge, die im Haus vorgingen, längst geflüchtet. Die Wirtin selbst merkte nicht einmal, daß ihr Vater starb, denn sie rang selbst mit dem Tod. Die harten Schwellungen an ihrem Körper hatten sich noch ausgebreitet, andere Beulen waren hinzugekommen, und sie lag stöhnend und fast bewegungsunfähig im Bett.

Am späten Nachmittag entschloß sich der Bürgermeister zögernd und widerwillig, eine weitere Ratssitzung einzuberufen, denn es lag auf der Hand, daß etwas geschehen mußte. Der Ratsdiener wurde herumgeschickt, um die Einladungen mit Nachdruck zu überbringen. Erfolglos blieb seine Aufforderung bei Erland Kalf, denn dieser war bereits erkrankt, und genauso war es bei Arne Mickelsen.

Zu Arne wurde der Bote gar nicht vorgelassen, denn dieser war im Fieberwahn und hätte gar nicht folgen können, sein Verstand befand sich bereits woanders. Er warf sich stöhnend hin und her, schrie manchmal angstvoll auf, und in seinen ruhigeren Minuten rief er nach Tade und versuchte sichtlich, seiner Frau, die an seinem Bett wachte, etwas mitzuteilen. Sie wußte sich schließlich keinen Ausweg mehr, als den Apotheker herbeizubitten. Lange mußte sie warten, aber schließlich kam er. Er konnte es sich nicht leisten, einen Ratsherrn zu brüskieren, trotz aller Privilegien. Er untersuchte den Kranken lange und sorgfältig, allerdings mangelte es ihm an den Techniken eines studierten Mediziners. Aber immerhin: Er sah, was alle sehen konnten, die herbeigerufen worden waren, um Arne festzuhalten: schwach erhabene, aber harte und rote Beulen an den für die Pest charakteristischen Stellen.

»Pest«, sagte er, und obwohl mancher sich dies bereits gedacht hatte, schrien fast alle entsetzt auf, als sie das endgültige Urteil hörten, das Todesurteil gewissermaßen. »Frau Gunda«, fuhr Michel Fenzke fort, »es gibt wenig, was wir hier tun können. Haltet Arne nicht zu warm, aber auch nicht zu kalt, versucht, das Agens pestis nach außen zu ziehen, indem Ihr heiße Umschläge auf den Beulen macht, und räuchert das Haus aus. Die Kräuter, die dafür nötig sind, lasse ich Euch bringen.«

Frau Gunda, die sich bereits gefaßt hatte, nickte und scheuchte alle außer einem Knecht aus dem Zimmer. Der Apotheker, der immer bemüht war, seine Person ins rechte Licht zu setzen, eilte diesmal berechtigterweise ins Rathaus, um den Ratsherren die unangenehme Kunde zu bringen.

Thomas Andersen bemerkte verärgert: »Dann hat dieser Lump von Kapitän doch recht gehabt. Zur Strafe sitzt er ja auch.«

Johann Crantz jedoch hatte wichtigere Dinge im Kopf: »Apotheker Michel, haben alle, die an Fieber erkrankt sind, die Pest?«

Seine erste Begegnung mit dem Rat in dieser Sache noch gut in Erinnerung, antwortete der Apotheker schlicht: »Ich denke ja. Die Beulen werden früher oder später bei allen in Erscheinung treten.«

»Werden alle sterben?« wollte der Ratsherr wissen.

»Nein, aber zum großen Teil. Bei guter Pflege gelingt es manchmal, jemanden zu retten.«

»Können wir gar nichts dagegen tun?« fragte Thomas Andersen.

»Nein«, lautete die Antwort des Apothekers.

»Wir werden diese Prüfung wohl auf uns nehmen müssen«, sagte Johann Crantz nachdenklich. »Wenn wir der Krankheit auch nicht entgehen können, so müssen wir doch dafür sorgen, daß die Toten abgeholt und beerdigt werden.«

Sie saßen noch bis zum Dunkelwerden und berieten und konnten zum Schluß von sich sagen, daß sie alles wohlgeordnet hatten und für alles gerüstet waren.

16. Die Gefangenen

Stunde um Stunde saß Inken in der Gefängniszelle, ohne daß etwas geschah. Sie, die am Anfang so voll Mut und Vernunft gewesen war, wurde von der Angst gepackt. Allmählich wurde ihr bewußt, daß sie unumstößlich gefangen war, daß sie mit knapper Not der peinlichen Befragung entgangen war, und daß diese Tatsachen bereits ein Glücksumstand, wenn nicht schon ein Wunder, waren. »Nein, nein«, wehrte sie die entsetzlichen Visionen eines Scheiterhaufens ab. Alles, nur nicht verbrannt werden. Lieber unter der Folter gestehen, in der Hoffnung, daß man sich ihrer dann erbarmen möge. Oder, nein, hatte sie nicht erzählen hören, wie eine Frau aus der Tonderharde trotz Folter geleugnet und darauf wider alles Erwarten freigelassen worden war? Die Folter! Sie hielt sich die Ohren zu. Trotzdem gellten die Schreie der gequälten Frauen in ihren Ohren. Man erzählte sich so allerhand über die peinliche Befragung. Auch Inken hatte neugierig zugehört… Sie fühlte den Schmerz bereits in ihren Gelenken, und der Angstschweiß lief an ihrem Gesicht herunter. Erbarmen! Verzweifelt sank sie auf den Boden.

Nach unendlicher Zeit erhob sie sich mühsam und tastete sich an der Wand entlang. Feuchtes, manchmal nasses Gestein, wohin sie auch faßte. Sie griff in ein schwammiges Gebilde und versuchte, sich in panischem Ekel die Hände abzuwischen. Wie unter Zwang suchte sie weiter nach einer Öffnung im Mauerwerk. Sie mußte einfach einen Ausschlupf finden. Mit einem Schrei fuhr sie zurück, als sie bemerkte, daß sie einen Knochen in der Hand hielt. Auch die Toten waren nun bei ihr.

Sie fiel auf die Knie und begann laut zu beten, lange und inbrünstig, bis ihr die Worte fehlten. Lange Zeit danach erst wurde ihr bewußt, daß sie in dem Loch nicht alleine war. Es raschelte, ein Fiepen ertönte, aus einer anderen Ecke antwortete es.

»Ihr Satansbraten!« schrie sie, »ihr seid an allem schuld.« Und sie schlug um sich, bis die Geräusche verschwanden und sie so allein war wie zuvor.

Ganz langsam kehrten die Gedanken zurück; sie richtete sich auf, ordnete ihre Kleidung und wischte sich den Schweiß ab. Nachdem sie ihre Haare, so gut es eben ging, gescheitelt und die hübschen roten Bänder in Schleifen gebunden hatte, alles ohne viel zu sehen, versteht sich, aber sie wußte ja, daß es hübsch aussah, war ihr vertrauter Trotz wieder da.

»Wir werden sehen«, sagte sie sich. »Wenn die Juristen von Rostock wirklich so klug sind, wie der Ratsherr sagte, müßten sie sofort erkennen können, daß ich keine Hexe sein kann...«

Da fiel ihr etwas auf.

»Ich müßte mich doch dann befreien können, wenn ich eine Hexe wäre, oder? Das muß der Beweis sein...« Ihr Vertrauen in die Weisheit der Richter stieg, je länger sie darüber nachdachte.

Laurens hatte zwar damit gerechnet, daß die Tür zu Inkens Gefängnis nicht ununterbrochen bewacht sein würde, aber nicht, daß dort gar kein Wächter stand. Er führte es auf die außerordentlichen Ereignisse an diesem Abend zurück. Da die Hopfenkarre voll mit Gästen war, fiel es nicht weiter auf, daß er vor dem Wirtshaus herumtorkelte und sich schließlich an der Wand des Rathauses herabgleiten ließ, als ob er stockbesoffen nicht mehr weiter konnte. Halblaut vor sich hin lallend, saß er da, und nur ein sehr aufmerksamer Beobachter hätte seine Verständigung mit der Gefangenen hören können.

»Jungfer Inken, hört Ihr mich? Jungfer Inken?«

Ein dünnes »Ja« war die Antwort.

»Ihr kennt mich nicht«, flüsterte Laurens weiter zum Gefangenenloch hinein, »ich bin Laurens, ein Freund des Ratsherrn Arne Mickelsen und von Kapitän Ketel.« Bei sich dachte er, der Ratsherr würde es wohl entschuldigen, und Zeit für lange Erklärungen hatte er nicht. »Ich werde Euch hier herausholen.«

»Freund Laurens«, kam es zurück, »man hat mich unter falscher Anklage hier eingesperrt, es kann nicht lange dauern, bis der Rat seinen Irrtum bemerkt und ich freigelassen werde. Bestimmt wird mein Vater beim Rat vorstellig.«

»Jungfer, wir wollen lieber nicht darauf vertrauen, daß die Gerechtigkeit ihren Lauf nimmt. Besser lebendig geflohen, als widerrechtlich tot, sage ich immer und bin bisher gut damit gefahren.« Laurens' ruhige Stimme flößte Vertrauen ein, gab auch nicht wieder, daß seine eigene Position heikel und Eile geboten war. »Man darf auch nicht außer acht lassen, daß Euer Vater inzwischen krank sein mag und sich nicht um Euch kümmern kann, oder daß womöglich der Rat beschließt, sich der Gefangenen unter diesen Umständen plötzlich zu entledigen, oder daß er vielleicht wegen Krankheit gar nicht beschlußfähig ist. Dann bleibt Ihr hier drin, bis die Mäuse an Euch nagen«, fuhr Laurens nüchtern fort.

»Was ist denn in der Stadt los? Warum sollte Vater krank sein?« fragte Inken ängstlich.

»Ach, das könnt Ihr wohl gar nicht wissen, daß ein Fieber umgeht. Es sind schon so viele Menschen krank, daß die Straßen wie leergefegt sind. Ihr selbst habt doch das Pech gehabt, da hineinverwickelt zu sein«, erklärte Laurens.

»Nein«, wies Inken entschieden von sich. »Oder meint Ihr etwa die Pest, die mit Kapitän Ketels Boot kam?«

»Habt Ihr das etwa so dem Rat gesagt? Ja, nun verstehe ich, daß man Euch eingesperrt hat. Ich habe Ketel gewarnt, aber von Euch konnte ich nichts wissen.« Laurens war nun sehr besorgt. »Jungfer, unter diesen Umständen ist Euer Leben in Gefahr. Ich werde mich um Euch kümmern, sobald ich kann. Glücklicherweise ist morgen Sonntag, da wird unter keinen Umständen eine Entscheidung seitens des Rates fallen, aber Ihr seid nicht sicher gegen Übergriffe des Volkes.«

»Was meint Ihr damit?« wollte Inken wissen.

»Tja, wie soll ich es Euch erklären«, antwortete Laurens und fuhr vorsichtig fort, »es kann sein, daß die Leute so aufgebracht sind über das Fieber, daß sie den Schuldigen bestraft sehen wollen. Den Stadtrat aber halten viele für so zögerlich, daß sie die Aburteilung lieber in die eigene Hand nehmen könnten. Und Ihr und Ketel seid nun mal diejenigen, die dafür eingesperrt worden sind, das macht Euch in den Augen vieler Leute bereits schuldig.«

»Kapitän Ketel ist gefangen?« schrak Inken auf. »Ja, nun verstehe ich, daß Ihr Euch um mich bemüht.« Über ihre Angst um den Kapitän vergaß Inken beinahe die Gefahr, in der sie sich selbst befand. »Könnt Ihr den Kapitän denn auch befreien?«

»Werde es versuchen«, brummte Laurens, in Gedanken bereits mit der Durchführung befaßt. »Jungfer, Ihr müßt Euch noch ein paar Stunden gedulden, schafft Ihr das? Sollte etwas Unerwartetes geschehen, so werde ich das durch meine Leute erfahren. Also, keine Angst, einer wird hier in der Nähe wachen, auch wenn Ihr ihn nicht sehen könnt.«

»Sorgt Euch nicht um mich, Freund Laurens«, war die Antwort, »ich halte aus. Eine Ratte habe ich schon erschlagen.«

»Wie habt Ihr das denn gemacht?« fragte Laurens erstaunt.

»Ach, Steine liegen hier genug herum«, antwortete Inken zufrieden.

»Mutiges Mädchen«, dachte Laurens, kam stöhnend auf die Beine und torkelte davon. Aber nicht weit; am Haupteingang zum Rathaus verließen ihn offenbar wieder die Kräfte, und er stützte sich schwer gegen die große Tür, nachdem ihn die Stufe zum Stolpern gebracht hatte. Leider war die Tür zu, aber er hatte es auch nicht anders erwartet. Laurens' Trunkenheit nahm weiterhin zu, und schließlich blieb er stöhnend auf den schrägen Klapptüren zum Keller liegen. Bestens ausgerüstet und auch geübt, fiel es ihm nicht schwer, mit Hilfe eines Schlüssels das einfache Schloß zu öffnen. In dieser Hinsicht hatte er meistens viel schwierigere Aufgaben zu lösen gehabt. Einige Zeit blieb er noch beobachtend liegen und nutzte den Lärm einer abziehenden Gruppe von Gästen aus dem Hopfenkarren, um leise und schnell in den Kellerhals zu schlüpfen. Die dumpfe, feuchte Luft des Kellers umfing ihn sofort und machte ihn schaudern. Augen, die im Widerschein der Funken leuchteten, verschwanden sofort, als er seine mitgebrachte Kerze endlich angezündet hatte. Leises Trippeln von Füßen war zu hören, als die Ratten davonhuschten. Ihn aber interessierte das nicht, er suchte die Treppe nach oben, die er in der Mitte eines engen Ganges fand, der von Mauern aus großen Steinquadern gebildet wurde. Zu ebener Erde angekommen, mußte er sein Licht löschen und tastete sich im wechselnden Schein des Mondes auch die nächste Treppe hoch, die ihn vor den Ratssaal führte. Die Treppe und auch die Paneele der Vorhalle spiegelten die Bedeutung des Rathauses wider. Sie waren zwar nicht prunkvoll und kostspielig, aber doch angemessen und mit Sorgfalt gestaltet und würden gewiß noch mehrere hundert Jahre von der handwerklichen Kunst des Zeitalters zeugen können. Man hatte niemand Geringeren als Meister Tychsen aus Flensburg hinzugezogen, um die Schnitzereien auszuführen. Ganz anders die nächste Treppe. Sie war eine schmale Stiege, von groben Schuhen bereits unachtsam ausgetreten. Laurens wußte sofort, daß hier der Weg zum Gefangenen entlangführte.

Ein zorniges, halblautes Fluchen, in dem er des Kapitäns Stimme erkannte, leitete ihn ohne Umwege vor eine schwere Tür aus Bohlen, die durch zwei lange Riegel aus Eisen und drei Schlösser, oben, in der Mitte und unten, gesichert war.

»Ich muß dich ganz falsch verstanden haben, Kapitän«, meinte

Laurens fröhlich. »Ich dachte, wir wollten uns im Schwan treffen. Oder hattest du doch das Rathaus gemeint?«

»Weißt du, der Stadtrat lud mich so nachdrücklich zum kostenlosen Nachtlager ein, daß ich nicht widersprechen mochte«, erwiderte Ketel unbeeindruckt. »Auch für Essen und Trinken hat man mir noch nichts berechnet.«

»Das kann nur daran liegen, daß du noch nichts bekommen hast, oder?« erkundigte sich Laurens.

»Zugegeben, aber man bemüht sich sicherlich um eine exquisite Speisenfolge.«

»Na, dann fehlt dir ja nichts. Ich kann dann wohl wieder gehen«, schlug Laurens vor.

»Durchaus, allerdings ist mir etwas langweilig«, schränkte Ketel ein.

»Heute abend scheint mir wohl beschieden zu sein, Gefangene zu unterhalten. Die Stimme von Inken war mir aber angenehmer«, fand Laurens.

»Was sagst du, Inken ist gefangen? Komm, Laurens, nun erzähle«, bat Ketel eindringlich.

Und so berichtete ihm Laurens alles, was er in Erfahrung gebracht und gesehen hatte, in den Straßen Tonderns, bei Arne Mickelsen und insbesondere über Inken.

»Ketel, ich kann dich jetzt noch nicht befreien, mit meinem Schlüssel ist hier nichts auszurichten. Sobald ich Werkzeug beschafft habe, komme ich, um dich herauszuholen. Ich werde auch ein Boot organisieren, und wenn ich es kaufen muß«, sprach er tugendhaft, »aber stehlen wird genügen«, fuhr er versonnen fort. »Dir ist klar, daß du nicht nur die Stadt, sondern auch das Herzogtum verlassen mußt? Oder willst du versuchen, den Schutz des Herzogs über den Amtmann zu erwirken? Dabei könnte ich dir helfen. Bei ihm habe ich einige Eisen im Feuer«, sagte Laurens.

»Die Angelegenheit muß tatsächlich beim Herzog geklärt werden«, erwiderte Ketel nachdenklich, »ich beabsichtige durchaus nicht, mich zum gesuchten Verbrecher machen zu lassen. Schließlich will ich auch weiterhin für Kaufleute von Tondern fahren. Aber dem Amtmann traue ich nicht, trotz deiner Eisen, ich gehe direkt zum Herzog.«

»Das mußt du selbst wissen. Zunächst einmal wäre ich froh, wenn ich dich schon draußen hätte. Sei so gut und vergiß diesmal unsere Verabredung nicht«, mahnte Laurens und eilte den Weg zurück, den er gekommen war.

Als er vorsichtig den Keller verlassen hatte, witterte er beunruhigt in die Luft, denn ein Wetterumschwung war eingetreten. Der Wind hatte sich gelegt, es war totenstill, aber die Luft knisterte fast vor Spannung. Als erfahrener Seemann wußte Laurens die Stille sofort zu deuten: Es war nicht diejenige, in der man nach dem Sturm erleichtert aufatmen kann, sondern die gefürchtete zwischen zwei Stürmen oder vielmehr inmitten eines einzigen Sturms. Der Wind würde bald mit ungebrochener Kraft aus einer ganz anderen Richtung weitertosen. Laurens hetzte vorwärts, seinem Hauptquartier in der Wulfstraße entgegen.

17. Deichbruch

Wegen des harten Südweststurms waren die Schleusentore an der Wiedaumündung bis zum Spätnachmittag noch nicht geöffnet worden. Das Wasser der Wiedau stieg daher mit beträchtlicher Schnelligkeit, was aber in der Stadt außer den Betroffenen nur wenige bemerkten, denn das Fieber hielt viele Familien in Atem. Jedoch waren Deichmeister und Deichvogt auf den Beinen und inspizierten die Deiche des Stadtkooges, wie es ihre Aufgabe war. Zunächst sah alles ganz ordentlich aus, und beide Deichbeamte gewannen den Eindruck, daß das Wetter vorüberziehen werde, ohne Schaden anzurichten, der die Stadt an ihrer Substanz träfe. Eine andere Seite war die finanzielle. Denn entsprechend den im Deichverband getroffenen Absprachen entfielen auf Tondern die Finanzierung der 7 Köre des Deiches zwischen Hojer und Ruttebüll sowie von 22 Störten der insgesamt 379 des Alten Tonderner Kooges. Und Beschädigungen des Seedeiches und der Siele und Schleusen im Koog ließen sich natürlich erst nach dem Sturm feststellen und die anteiligen Kosten errechnen.

Die Deichbeamten beendeten ihren Rundgang an der Westerbrücke, die bei Hochwasser der kritische Punkt Tonderns war. Etwas tiefer gelegen, war diese Gegend am meisten gefährdet, und die Häuser wurden am ersten überflutet. Auch jetzt stand das Wasser so hoch, daß die Bohlen der Brücke bereits im Wasser verschwunden waren. Im unteren Teil der Westerstraße schlugen schon kleine Wellen an die Hauswände. Zwängte man sich durch eine Slippe zwischen den Häusern, kam einem vom Wasser getragener Unrat entgegen. Aber dies alles war lediglich ärgerlich, wie die Einwohner der Buden und Hütten feststellten, brachte Unkosten und Arbeit, aber bedroht fühlte sich niemand.

Dagegen erschrak man allgemein, als im Dämmern ein gewaltiges Krachen ertönte, das von der herabstürzenden Kirchturmspitze ertönte. Der achteckige Turmhelm war zwar, ebenso wie das Kirchenschiff, erst etwa 60 Jahre alt, jedoch recht hoch und bot daher dem Wind viel Angriffsfläche. Menschen wurden zum Glück nicht verletzt, aber die an der windabgewandten Seite des Kirchengebäudes herabstürzenden Dachpfannen schlugen durch die Dächer mehrerer strohgedeckter Buden hindurch. Dabei richteten sie nicht nur großen Schaden an, sondern erschreckten die Einwohner fast zu Tode. In den letzten Tagen in angespannter Furcht lebend, brauchten die Leute auch nur geringfügig ungewohnte Erlebnisse, um sich in ihrem Weltuntergangstaumel bestätigt zu finden. Auch ganz nüchterne Leute wandten sich angesichts solcher eindeutiger Zeichen dem Okkultismus und ihren Vertretern zu. Ja, es war kein gutes Jahr für Tondern und seine Menschen.

Wegen des großen Lärms blieben die beiden Beamten stehen, unschlüssig, ob sie dieser womöglich etwas anginge. Sie warteten also ab. Da aber sonst nichts zu merken war, das Sturmläuten von Kirchenglocken etwa, wollten sie sich gerade auf den Nachhauseweg machen, als Deichmeister Rickert Riggelsen etwas bemerkte.

»Warte einmal«, meinte er nachdenklich und zeigte auf den Pfahl, an dem die Hochwassermarken der letzten Jahre durch eiserne Bänder markiert waren. »Als wir kamen, reichten die Wellen eben an die Marke des Jahres 1640 heran, jetzt ist sie schon verschwunden.«

»Du irrst dich bestimmt«, sagte Deichvogt Jens Uwsen und winkte lässig ab. Ihm war kalt, und er war reichlich feucht von der fliegenden Gischt.

»Ach was, nein!« erwiderte Rickert ärgerlich, »ich brauche eine gewisse Zeit, um diese römischen Zahlen zu lesen, das gebe ich zu, aber wenn ich sie entziffert habe, weiß ich genau, was sie bedeuten. Da irre ich mich bestimmt nicht.«

»Wenn du recht hast, dann kann das ja nur eine Bedeutung haben«, erwiderte der Deichvogt erschrocken.

»Ja«, murmelte der Deichmeister verdrossen und seufzte leise. »Laß uns einige Zeit abwarten, dann wissen wir es genau.« Also blieben sie an der Brücke stehen und beobachteten die Hochwassermarken. Schließlich war kein Zweifel mehr möglich, das Wasser stieg, langsam und unaufhörlich, aber viel schneller als normal, wenn die Wiedau einfach nur keinen Abfluß hatte.

»Dann wird wohl der Seedeich...«

»gebrochen sein«, ergänzte der Deichvogt, weniger gleichmütig als der Deichmeister. »Komm« sagte er energisch, »wir müssen den Bürgermeister benachrichtigen.«

Sie liefen so eilig, wie es mit ihrer Würde und ihrem Körpergewicht, vor allem dem des Deichvogts, vereinbar war, die Straße entlang, bis sie zum prächtigen Portal des Bürgermeisterhauses kamen. Binnen kurzem standen sie vor ihm und berichteten.

»Dann glaubt Ihr also«, faßte Thomas Andersen zusammen, »daß wir wieder eine Überschwemmung größeren Ausmaßes haben werden?«

»Ja, es spricht einiges dafür«, stimmte Deichmeister Rickert zu. »Tagelanger starker Sturm aus Südwesten läßt das Wasser sich zwischen Inseln und Festland förmlich anstauen. Wenn jetzt der Widerstand auf der einen Seite durch Deichbruch plötzlich nachläßt, dann laufen, wie Ihr wißt, alle Köge zwischen der Küste und Tondern voll.«

»Und was gedenkt Ihr Herren dagegen zu unternehmen?« fragte der Bürgermeister, als ob es in der Macht der Deichbeauftragten stünde, die Flut aufzuhalten.

»Nichts«, sagte der Deichmeister kühl. »Wir können nur nachher die Schäden feststellen. Dagegen solltet Ihr Vorsorge treffen, daß Bürger und Einwohner ihre Boote retten, so daß sie später zur Verfügung stehen, wenn man nicht mehr zu Fuß durch die Straßen kommt.«

Der Bürgermeister schüttelte abwehrend den Kopf. »Wie soll ich das machen? Alle Welt ist krank! In allen Ämtern fallen jetzt schon Leute aus.« Seine Stimme verlor sich rasselnd, und er mußte sich setzen. »Dann stellt doch eine Gruppe von Männern zusammen, die in Eurem Auftrag alle Boote in Sicherheit bringen«, schlug der Deichvogt vor.

»Ach, ich weiß es nicht, ich weiß es nicht. Ich schicke einen Boten zu Johann Crantz. Der soll die Sache in die Hand nehmen«, wisperte der Bürgermeister erschöpft.

»Habt Ihr das Fieber?« erkundigte sich der Deichvogt erschrokken und wich zurück.

»Nein, nein, ich habe es schon lange auf der Brust. Weder Aderlässe noch Kräuteraufgüsse können mir helfen.«

Der Deichmeister überdachte immer noch die Situation und kam schließlich zu einer vernünftigen Lösung. »Da Jens Uwsen und ich sowieso mit der Angelegenheit befaßt sind, bringen wir am besten selbst die Botschaft zu Johann Crantz.«

»Gut, ich gebe Euch eine Vollmacht mit.« Der Bürgermeister schrieb erleichtert einige Zeilen, unterzeichnete, siegelte und übergab das Papier den beiden Männern.

Diese machten sich nun eilig auf den Weg, die Große Straße und die Westerstraße entlang, die sie gekommen waren. Bis zu des stellvertretenden Bürgermeisters Haus kamen sie trocken und unbehelligt. Jedoch konnten sie von weiter unten auf der Straße Lärm hören und auch sehen, wie Lichter geschwenkt wurden.

»Entweder haben die dort gemerkt, daß das Wasser schnell steigt, oder es ist bereits dort angekommen«, meinte der Deichmeister. »Geh du zu Johann Crantz, ich werde inzwischen nachsehen, wie die Dinge stehen.« Ohne ein weiteres Wort rannte er die Straße in Richtung auf die Brücke zu und ließ den verdutzten Deichvogt stehen. Nach einer Weile, während der Johann Crantz bereits informiert worden war, kam er zurück und berichtete. Seine nasse Kleidung zeugte davon, daß er bis zu den Hüften im Wasser gewesen war.

»In den Häusern an der Brücke steht das Wasser etwa zwei Ellen hoch. Die Leute sitzen zumeist auf den Dachböden. Ihr Vieh steht bis zum Bauch im Wasser und brüllt vor Angst und vor Schmerzen.«

»Warum vor Schmerzen?« fragte der zweite Bürgermeister irritiert, an sich nicht gewillt, sich mit dem Vieh zu beschäftigen, wenn Menschen in Gefahr waren, aber andererseits konnte er nichts übergehen, worum sich die Leute sorgten. Diese Eigenschaft machte ihn so beliebt bei den Tonderanern.

»Manche Kühe konnten nicht mehr gemolken werden,« erklärte der Deichmeister. »Zuerst wurden die Melkzeiten wohl wegen der Krankheitsfälle verschoben, – da unten haben bereits ganze Familien das Fieber – und jetzt geht es nicht mehr, denn unter Wasser kann niemand melken, so habe ich es verstanden.«

»Sterben die Kühe davon?« wollte Johann Crantz wissen.

Rickert zuckte die Achseln, auf diesem Gebiet hatte er keine Kenntnisse, aber der Deichvogt, der aus einer bäuerlichen Familie stammte, brachte einige Erfahrungen mit.

»Es kann vorkommen«, sagte er. »Wenn die Milch lange stockt, staut sich das Blut auf, Milch und Blut werden sauer, und die Kuh stirbt. Man muß deswegen einen Aderlaß machen und einen in Teer getauchten Hering der Kuh in den Schlund stopfen, das kann sie retten, muß aber nicht.«

»Woher weißt du das denn?« staunte der Deichmeister.

»Ach, das habe ich von einem der durchreisenden Medici gehört, der wußte auch beim Vieh gut Bescheid.«

Johann Crantz unterbrach die beiden unwillig. »Da das Wasser schnell steigt, haben wir weder Zeit, uns über Kühe zu unterhalten, noch sie zu retten.«

Sie besprachen also in aller Geschwindigkeit, was noch getan werden konnte, und das war einiges. Eine Gruppe von Männern sollte unter der Leitung des Deichmeisters die Boote retten, die noch verfügbar waren. Wahrscheinlicher war jedoch, daß die meisten von ihnen bereits vollgelaufen und damit zum jetzigen Zeitpunkt unbrauchbar waren. Weitere Männer hatten den Auftrag festzustellen, welche Häuser einsturzgefährdet waren, und deren Einwohner zu evakuieren. Für die Flüchtlinge mußte die Lateinschule geöffnet werden, das überfüllte Hospital mußte für alle Kranken, unabhängig vom Schweregrad der Erkrankung, Notbetten aufschlagen, und schließlich mußte Pastor Paye Negelsen die Kirche zur Verfügung stellen, soweit dies wegen der herabgestürzten Kirchturmspitze möglich war.

Der Deichmeister hatte mit 4 Männern die schwerste Arbeit übernommen, wie es ihm nach seiner Auffassung zukam. Mit Laternen und mit derben Stöcken versehen, um den Grund vor sich ertasten zu können, eilten sie die Westerstraße hinunter, die dort, wo sie ungepflastert war, schon bald in einen Schlammbrei überging. Hin und wieder begegneten ihnen nasse und verdreckte Tonderaner, die jedoch alle wußten, zu welchen Verwandten oder Freunden sie ausweichen wollten, und die im übrigen weder Tote noch Verletzte zu beklagen hatten. Während die Gruppe von Männern noch dabei war, Erkundigungen einzuziehen, zeigte ein Poltern und ein Geräusch, das von rutschenden Balken stammen mochte, an, daß sie sich zu beeilen hatten. Bis zur Hüfte mußten sie im Wasser waten, als sie sich mühsam an die Buden heranarbeiteten, die ganz offensichtlich schon einsturzgefährdet waren. Eine Lücke zwischen den Häusern ließ ihnen den Blick auf die zusammengefallene Hütte frei. Reste von Wänden schwankten schief im Sturm hin und her, Haufen von Reet schwammen im Wasser, ebenso wie Bretter, die von Tischen und Bänken stammen mochten. In der kurzen Reichweite der Laternen konnten die Männer nur wenig erkennen. Es war auch im Augenblick weniger dringlich, die Schäden zu betrachten, als die Menschen zu retten. Ein kleines Mädchen klammerte sich an einen schräg in der Luft schwebenden Balken und weinte laut. Seine Mutter stand darunter im Wasser und lockte es, aber das Kind traute sich nicht zu springen. Die Anwesenheit der Männer wirkte jedoch beruhigend, und mit ihrer Hilfe kam es schließlich unbeschadet herunter. Der Deichmeister schickte die Frau in die Lateinschule am Marktplatz, am höchsten gelegen, deshalb am sichersten vor der Flut, und gab ihr einen Mann mit, der das Mädchen trug. In fieberhafter Eile suchten die übrigen nach einem Knecht, der auch dort wohnen sollte, wie die Frau gesagt hatte, aber sie fanden niemanden und gaben auf.

Mehrere der kleinen Häuser an der Straße waren bereits in erschreckendem Zustand. Weniger solide als die Häuser auf den Stavengrundstücken gebaut, fehlte schon manches Fach, der Lehm war ausgewaschen und das Reisiggeflecht von den Wellen davongetragen. Übrig blieben die Ständer, die das Dach trugen, und man konnte sich durch freien Einblick in die Stuben davon überzeugen, daß die Einwohner geflohen waren. Vom Wasser getragener Hausrat schwappte in den Zimmern, und in den Böen des Windes wurde alles an die leeseitige Wand gedrückt, sofern noch eine da war, oder an die Ständer und schien in den Windpausen wieder zurückgesaugt zu werden.

Die Männer durchsuchten jedes Haus, überzeugten sich davon, daß niemand darin steckte, der Hilfe benötigte; sie prüften die Standfestigkeit der Hölzer, die die Balken hielten, und sie stürzten Mauern um, die bereits schwankten und jemandem hätten gefährlich werden können. Zuweilen war ihre Arbeit gefährlich, häufiger aber nur unangenehm, denn die Kadaver von Schweinen und Kälbern, von Hühnern, Ratten und anderen kleinen Lebewesen trieben im Wasser oder schaukelten vor sich hin. Manche Kuh und manches Pferd banden sie los, führten sie ins Freie, wenn es möglich war, und überließen sie dann sich selbst. Mehr konnten sie nicht tun, obwohl sie mittlerweile Helfer bekommen hatten. Aber etliche Tiere mußten sie zu ihrem Bedauern im Stall lassen, denn in Panik tobende Ochsen und Pferde hätten sowohl ihnen als auch anderen gefährlich werden können.

Widerstand von den Einwohnern wurde ihnen kaum entgegengebracht. Die meisten waren verängstigt, viele durch das Fieber geschwächt und willenlos oder gar ohne Bewußtsein, und die meisten atmeten auf, wenn jemand kam und sagte, was sie tun sollten. Inzwischen waren auch Boote hergerudert worden, es wurden nach und nach mehr, und so konnten sie die durchkühlten und durchnäßten Gestalten sogar gruppenweise in Sicherheit schaffen.

Allerdings tauchten bereits nach dieser kurzen Zeit von Unordnung zwielichtige Gestalten in der Straße auf, ohne Laternen, und auch das Licht anderer mieden sie. Diese Leute verschwanden im Dunkel der Haustrümmer und kamen nach einiger Zeit beladen wieder heraus. Gegen solche Plünderer konnten die Männer jedoch nichts unternehmen. Waren sie, so schnell es gegen den Wasserwiderstand nur ging, endlich dort angekommen, wo jemand etwas Verdächtiges bemerkt hatte, war das Haus längst leer. Und letzten Endes hatten sie Wichtigeres zu tun.

Die, wie Laurens richtig vorhergesagt hatte, nur vorübergehende

Windstille hatte kaum eine Auswirkung auf das Hochwasser in Tondern. Der Seedeich war zunächst an zwei Stellen überschwemmt worden. Starke Brecher schlugen hinter dem Deich, also im Weideland, große Löcher, Wehlen, wie sie hier genannt wurden. Von hier aus nagte das Wasser weiter am Deich, unterspülte ihn von hinten, von seiner schwächeren Seite, und danach dauerte es nicht mehr lange, bis Kleie und Sand mitsamt dem Holz und Reisig weggeschwemmt waren. Selbst wenn der Deichbruch sofort bemerkt worden wäre, hätte niemand mehr verhindern können, was jetzt geschah. Der starke Sog des wie durch einen Trichter in den Koog hineinstürzenden Wassers riß Rute um Rute weg, das Loch verbreiterte sich sichtlich in Minutenschnelle, und so wurden innerhalb weniger Stunden Meilen von Deichbauwerk weggerissen. In diesem Stadium des Vollaufens von tiefer als die Meeresoberfläche gelegenem Land hatte der Wind kaum mehr Einfluß auf das Wasser. Erst wenn der Niveauausgleich stattgefunden hatte, würde es aufhören, allerdings konnte das Wasser bei weiterem Sturm aus Südwesten auch dann noch langsam weiter steigen, und ab da mit Ebbe und Flut hin- und herströmen. Die einzige Hoffnung war, daß der Höchststand nunmehr eingetreten war.

Die arbeitenden Männer bemerkten die Windstille zwar, hatten aber keine Zeit, etwa zu prüfen, ob dadurch eine Erleichterung bei ihrer schweren Arbeit einträte. Es waren mittlerweile viele geworden, die sich beteiligten, ja man kann sagen, daß in der einen oder anderen Form die ganze Stadt an der Rettungsaktion teilnahm. Denn die, die nicht in und an den Haustrümmern arbeiteten, fuhren kranke, verletzte oder auch nur nasse Gerettete zu den Häusern, die man für ihre Aufnahme bestimmt hatte. Mittlerweile kam man in den südlichen Stadtvierteln nur noch in Booten von Haus zu Haus. In vielen Häusern kochten die Frauen Biersuppe und Brei, denn die Unterkühlten kamen am schnellsten mit warmen Speisen wieder auf die Beine, ob sie nun zu den Rettern oder den Geretteten gehörten. Im Hospital war die Zahl der Kranken von 20 auf 50 angewachsen. Es war damit derart überfüllt, daß man keinen Platz mehr für nur ein einziges Lager noch gefunden hätte. Hier trat durch die Nachricht, daß das Wasser nicht mehr steige, keine Besserung der Lage ein, aber im übrigen Tondern wurde schon manche Hoffnung laut, daß nunmehr das Schlimmste überstanden sei.

18. Im Schloß

Laurens hatte Ketel verschwiegen, daß er außer seiner persönlichen Rettungsaktion dringend noch andere Aufgaben wahrzunehmen hatte. Er stand in den Diensten des Amtmanns auf dem Schloß und war für die ständige und lückenlose Übermittlung von städtischen Neuigkeiten zuständig. Ursprünglich war diese Berichterstattung aufgenommen worden, weil der Herzog sich nicht auf die direkte Mitteilung durch den Stadtrat verlassen wollte, der seinerseits Geschehnisse filterte, beschönigte und interpretierte. Daher hatte der Hof eine Darlegung der Sachlage vom Amtmann verlangt, der in unmittelbarer Nähe der Stadt saß, auf Stadtgrund gewissermaßen, und also gut Bescheid wissen sollte. Der Amtmann nun begnügte sich nicht mit Zufälligkeiten, sondern baute ein durchdachtes Spionagenetz auf, das ihm half, die Stadt Tag und Nacht zu überwachen. So war also Laurens mit mehreren Männern, die er sich selbst ausgesucht hatte, der Horchposten des Herzogs. Natürlich begnügte sich aber der Amtmann nicht mit dieser rein passiven Tätigkeit der Gruppe, sondern bediente sich ihrer auch zum Einschleusen von Nachrichten und Gerüchten, je nach Bedarf falschen oder echten. Laurens konnte nun keinen mit einer schriftlichen Nachricht zum Amtmann schicken, denn der konnte ja nicht lesen, erstaunlicherweise übrigens, und einen Vertrauten hatte der mißtrauische Mann nicht. Außerdem wollte Laurens die vorsichtige Interpretation, das Abwägen und das Für und Wider auf die amtmännischen Fragen keinem anderen überlassen. Klug war der intrigante Amtmann, das mußte man ihm lassen, und nur Laurens war ihm ein ebenbürtiger Partner in seinem Fragespiel, die anderen waren Gehilfen, Laufjungen.

Deshalb also mußte Laurens selbst zum Schloß, und weil es eilig war, sofort.

»Verrückte Angelegenheit, daß sie ausgerechnet jetzt Ketel eingelocht haben«, murmelte er. »Ich habe ihn gewarnt! Aber er war schon immer mehr ehrenhaft als hell im Kopf. Na, vielleicht paßt in Zukunft dieses Mädchen auf ihn auf. Scheint eine ganz vernünftige Person zu sein.« Er lachte leise, als er an Inkens solide Behandlung der Rattenfrage dachte.

Ungesehen schlich er an den Häusern entlang, mied jede Begegnung und war schließlich in seiner Bleibe, einem winzigen Zimmer eines kleinen Hauses in der Wulfstraße angekommen.

»Ragna, bist du da?«, rief er im Flur nach seiner Hauswirtin. Als alles still blieb, begann er unbekümmert mit seinen Vorbereitungen.

In diesen Tagen war alles anders als sonst, die Wirtin mochte zu Verwandten gerufen worden sein, um bei der Pflege von Erkrankten zu helfen.

Werkzeug war nötig. Um die schweren Schlösser an den Türen zu Ketels und Inkens Gefangenenlöchern aufzubrechen, benötigte er vor allem eine kräftige Stange. Schließlich fand er eine brauchbare im Schuppen. Ein kleineres Brecheisen, ein Hammer und eine Zange vervollständigten seine Ausrüstung. Auch ein dünnes, aber starkes Seil ließ er mitgehen.

»Man weiß nie, wozu es gut sein kann«, murmelte Laurens, besah sich nachdenklich die Sachen, wickelte alles in eine alte Decke und schob das Paket in den Raum unter seinem Alkovenbett.

»Pfui Teufel«. Laurens nahm plötzlich wahr, wie muffig es hier roch. Nicht nur die Decke und das Kartoffelloch unter dem Bett, nein der ganze Raum. Das war ihm bisher nicht aufgefallen.

»Wasser«, entschied er, »das Wasser steigt. Es wird höchste Zeit für mich.«

Sorgfältig löschte er das Licht und blieb dann noch einige Sekunden im dunklen Eingang seines Hauses stehen, bevor er sicher war, ungesehen hinausschlüpfen zu können. Nach kurzer Überlegung entschloß er sich, den Weg durch die Mühlenstraße zu nehmen, denn die Wahrscheinlichkeit, daß ihm hier jemand begegnen könnte, war gering. Dafür aber war das Angehen gegen den Wind, der in dieser unbebauten Gegend frei über das Feld pfiff, mühseliger als es in der Schloßstraße gewesen wäre. Ihn behinderte auch das Wasser, das ihm gegen die Oberschenkel schwappte, aber durch mußte er, das stand fest.

Zu Laurens' Erleichterung war die Zugbrücke heruntergelassen, die Schloßpforte aber war zu – schon seit urdenklichen Zeiten wurde sie bei Sonnenuntergang geschlossen. Das Schloß konnte dann nur durch die kleine Tür in der großen Pforte betreten oder verlassen werden. Aber das waren Ausnahmefälle: der Kornschreiber Lüder Schoeweshausen, der gerne in lustiger Gesellschaft feierte, hatte schon oft in der Stadt übernachten müssen, weil er nicht mehr eingelassen wurde.

Laurens pfiff sein eigentümliches Signal, in der Hoffnung, daß man ihn durch das Brausen des Windes hörte. Das tat man. Ob es nun Zufall war, der Amtmann Anweisung zu besonderer Aufmerksamkeit gegeben hatte oder wegen des Hochwassers alles auf den Beinen war, Laurens erfuhr es nicht, und es war ihm auch gleichgültig. Jedenfalls öffnete der Pförtner die kleine Tür und ließ Laurens, wie schon so oft, in aller Heimlichkeit ein.

Der Platz vor dem Ostflügel lag da wie immer, jedoch war er naß und matschig, die beiden Männer sanken bis zu den Knöcheln in die Erde.

»Habt wohl euren Ententeich erweitert«, meinte Laurens spöttisch zum Pförtner.

»Ja, sicher, wir mögen ja nicht immer Ochsen-, Lamm- und Kalbfleisch essen«, prahlte der Pförtner.

»Tut ihr das denn? Täglich Fleisch?« staunte Laurens.

Schon lange gingen in der Stadt die Gerüchte von den riesigen Nahrungsmittelmengen in den Vorratskellern des Schlosses um. Die Vorräte waren eigentlich zum Verbrauch durch den Herzog und sein Gefolge bestimmt, der hier hin und wieder selbst Gericht hielt. Und da die Besuche in unregelmäßigen Abständen stattfanden, mußte der Vorrat immer vorhanden sein, ständig verzehrt und dauernd mit frischer Ware ergänzt werden. Dafür hatten der Hausvogt und der Kornschreiber zu sorgen. Man konnte von Glück sagen, wenn der Hausvogt nicht das meiste hiervon verschwinden ließ, gegen Geld natürlich, das an seinen Händen kleben blieb. So sprach es also sehr für Hausvogt und Amtmann, wenn die Leute genug zu essen hatten. Laurens wunderte sich insgeheim darüber, daß der Amtmann, der sonst doch alles, was sich ihm bot, zu Geld machte, diese Möglichkeit nicht nutzte. Vielleicht war ihm der Weg zwischen dem Schloßgesinde und dem herzoglichen Gesinde zu kurz, um das Risiko einzugehen.

»Ja, das steht uns zu«, bestätigte der Pförtner. »Heute sind wir ja nur noch wenige«, fügte er hinzu, »aber ich weiß noch, daß früher viel mehr Leute hier beköstigt wurden. Heute bekommen sie statt dessen Kostgeld. Ja, der Herzog ist geizig geworden.«

»Geizig nennst du das?« fragte Laurens überrascht. »Jeden Tag Fleisch und Wein, an die zwanzig Mann, das haben ja nicht mal die hohen Ratsherren in der Stadt.«

»Na ja«, wand sich der Pförtner, »ganz so ist es nun auch wieder nicht. Und wer gut arbeitet, soll auch gut essen, sagt man ja.« »Als ob nicht andere auch gut arbeiten, aber fast nichts zu essen haben«, entgegnete Laurens etwas bitter.

Der Pförtner zuckte die Schultern, etwas verlegen, wie es Laurens schien, und sie stapften schweigend weiter; vorbei am Gebäude mit den Räumen für den Herzog und sein Gefolge, das sich schon durch die 5 Giebel vom übrigen Schloß unterschied, bis zum neuen Eckhaus, in dem die Wohnräume des Amtmanns lagen. So nah diese nun waren, es gab hier keinen Eingang. Der Zugang zu allen Räumlichkeiten des Schlosses war im inneren Hof, der nur durch die Pforte in der Nordmauer erreicht werden konnte. Ja, eine Wehranlage war dies: ob mehr Schloß oder mehr Burg, ließ sich so einfach gar nicht entscheiden.

An der Nordostecke erfaßte sie der Sturm und blies ihnen Wasserschleier ins Gesicht, denen sie erst entgingen, als sie aufatmend durch die kleine Tür geschlüpft waren.

Der Pförtner wies ihm die Tür, die er im inneren Hof nehmen mußte.

Laurens wurde sofort in den kleinen Saal geführt, in dem man trank und feierte, wenn man unter sich war. Noch bevor er ein Wort gesagt hatte, winkte der Amtmann alle Anwesenden zur Tür hinaus. Vertraulichkeit war oberstes Gebot.

»Nun, Laurens, was hast du zu berichten? Gutes sicher nicht!« Der Amtmann betrachtete Laurens mißtrauisch und mit sichtbarem Abscheu, denn Laurens war gekommen, wie er war, tropfend naß und verschmutzt.

»Ihr habt recht und auch nicht«, sagte Laurens.

»Wie das? Aber mach es kurz, ich habe heute keine Zeit für Rätselraten«, kürzte der Amtmann das Geplänkel ab.

»Dann will ich Euch erst die guten Nachrichten mitteilen«, meinte Laurens unbeeindruckt, zog sich einen Stuhl heran und setzte sich. Vom Amtmann ließ er sich nicht einschüchtern. »Wie Ihr angeordnet habt«, begann er, »haben wir Unruhe in die Stadt gebracht. Es gärt an allen Ecken. Nicht nur das! Der Magistrat ist schon so durcheinander und hilflos, daß er dauernd Sondersitzungen anberaumt um zu beratschlagen, wie man die Ruhe wiederherstellen kann.«

»Das höre ich mit Vergnügen«. Amtmann Hestorf nahm einen tiefen Schluck Wein aus einem kostbaren Glas, tupfte einen Tropfen von seinem weißen Halstuch, und forderte Laurens mit einer Handbewegung auf weiterzureden.

»Es war nicht viel Nachhilfe nötig«, fuhr Laurens fort, »Ihr wißt ja selbst, die strengen Anordnungen des Herzogs...«

»Ja, ja«, unterbrach ihn der Amtmann uninteressiert. »Das soll mir nur recht sein«, sagte er zu sich selbst gewandt, »weiter.«

»Nun ja, sie schmoren anscheinend in ihrem eigenen Saft. Bürgermeister Andersen weiß wohl nicht, wie er die Leute beschwichtigen könnte. Und die rotten sich bereits zusammen.«

Der Amtmann rieb sich erfreut die Hände. »Dann hast du zu meiner vollen Zufriedenheit gearbeitet, Laurens. Du kannst dir deinen Lohn vom Kornschreiber auszahlen lassen. Gibt es noch weitere Neuigkeiten?«

»Bevor wir darauf zu sprechen kommen, Amtmann, möchte ich noch wissen, wie weit wir gehen sollen. Das Faß könnte bald überlaufen.«

»Ja, das stimmt, deshalb treibt es nicht zu toll, von deiner Gruppe soll ja keiner gehängt werden. Das ist nicht in meinem Interesse. Ich brauche euch später noch«, wiegelte der Amtmann ab.

»Was ist überhaupt Euer Interesse?« erkundigte sich Laurens kühn. »Legt Ihr es darauf an, größere Vollmachten vom Herzog zu erhalten, um die Stadt besser in die Hand zu bekommen?«

»Das geht dich gar nichts an, Laurens«, erwiderte der Amtmann rasch, zu rasch. »Das sind staatspolitische Erwägungen, die du nicht verstehst«.

»Aha, das traf ins Schwarze!« dachte Laurens, und zuckte mit den Schultern, nach außen hin gleichmütig.

»Es gibt dann noch mehrere schlechte Nachrichten. Aber die eine kennt Ihr ja schon, denn vom Hochwasser seid Ihr ja selbst betroffen.«

»Das ist wahr, sogar den Schmied mußten wir schon holen, um die Gefangenen von ihren Ketten zu befreien, sie wären uns sonst ertrunken.« Der Amtmann lachte hämisch. »Es lohnte zwar den Aufwand nicht, sie kommen doch aufs Rad, aber wir wollen uns vom Herzog nicht nachsagen lassen, daß wir unser Amt schlecht versehen.«

»Wer sind die denn?« wollte Laurens wissen. Diese Rücksichtnahme auf Gefangene mußte seinen Grund haben, in normalen Fällen kannte man nichts dergleichen.

»Auch das geht dich nichts an. Laurens, du bist zu neugierig, nimm dich in acht. Du bist nicht unentbehrlich«, drohte der Amtmann und trommelte mit den Fingerspitzen auf die Tischplatte.

»Das nicht, aber ohne mich könnt Ihr den Rat der Stadt nicht nach Eurem Belieben kitzeln. So leicht findet Ihr niemanden, der ihnen auf die richtige Art Pfeffer unter den Hintern streut.« Laurens sah den Amtmann sorglos an, siegessicher in der richtigen Einschätzung der Lage. Als seine Augen aber denen des Amtmanns begegneten, las er in ihnen stille Wut. Er beschloß, sich zurückzuziehen, seine Stellung wollte er nicht gefährden.

»Dann ist noch ein Fieber in der Stadt«, fuhr Laurens fort. »Habt Ihr davon schon gehört?«

»Es ist mir berichtet worden. Ist da etwas Ungewöhnliches dran?« wollte der Amtmann wissen.

»Nun ja«, sagte Laurens vorsichtig. »Ich habe zuverlässige Nachrichten, daß es kein einfaches Fieber ist, sondern die Pest.«

Der Amtmann saß einen Augenblick erstarrt. »Die Pest« wiederholte er nachdenklich. »Das ist in der Tat eine schlechte Nachricht. Wir werden nicht drum herum kommen, den Herzog zu benachrichtigen. Und dann müssen wir die Stadt sperren lassen. Niemand heraus, niemand hinein. Was für eine unglückselige Sache! Gesperrt nützt mir die ganze Stadt nicht das geringste.«

»Das ist wahr, ein Amtssitz ohne Amt taugt wenig«, bestätigte Laurens, schon wieder vorwitzig und auch nicht ganz begreifend, was der Amtmann meinte.

»Wieviele sind bereits gestorben?« fragte Amtmann Hestorf, ohne den Einwurf zu beachten.

»Ich weiß nur von zwei Fischern oder Seeleuten, aber normalerweise sterben ja die meisten, die krank werden«, sagte Laurens leichthin.

»Und wieviele sind das?« forschte der Amtmann.

»Tja, das ist für mich schwer zu erfahren«, meinte Laurens, »das weiß höchstens der Rat, wenn überhaupt jemand, ich bezweifle es sogar. Die werden eher den Kopf in den Sand stecken. Na, im Moment muß man zu ihrer Ehrenrettung sagen, daß das Hochwasser noch dringendere Probleme schafft.«

»Hoffentlich sterben nicht zu viele«, meinte der Amtmann nachdenklich.

»Ja, mit der Pest ist nicht zu spaßen«, stimmte Laurens zu, »der Verlust an Steuern kann enorm sein. Aber schlimmer für Euch wäre sicher die Pferdeseuche«, höhnte er, und hatte schon wieder alle seine Vorsätze vergessen.

Der Amtmann erblaßte vor Wut. Er konnte niemandem erlauben, in dieser Art und Weise über seine Pferdeliebhaberei zu sprechen. Was hier nur despektierlich war, war außerhalb seiner Hörweite Verrat. Er klingelte, und sofort öffnete sich die Tür; ein Diener trat ein, ein zweiter war im Eingang zu sehen.

»Ja, Herr Amtmann?« fragte er.

»Der da«, Amtmann Hestorf zeigte gebieterisch auf Laurens, »kommt für einige Tage in den Kerker. Er hat mich geärgert«, setzte er mürrisch hinzu.

Laurens bekam es mit der Angst zu tun. Immer war er zu impulsiv, ließ Spott und Zorn heraus, wie ihm zumute war. Eine Inhaftierung würde alle seine Pläne durchkreuzen.

»Amtmann«, rief er reuevoll, »Ihr kennt mich doch, ich kann manchmal meine Zunge nicht im Zaum halten, da rutschen mir schon mal Unbotmäßigkeiten heraus!«

»Ja eben«, meinte der Amtmann kühl, »das ist mir auf die Dauer zu riskant. In meinem Dienst mußt du den Mund zur rechten Zeit halten können. Sei froh, daß das Herausschneiden von Zungen nicht mehr üblich ist.«

»Bei Leuten, die schreiben können, ist das sowieso sinnlos«, erwiderte Laurens anzüglich, und der Amtmann wußte natürlich sofort, worauf er anspielte.

Stille. Der Diener sog erschreckt den Atem ein. Es war nicht nur gefährlich, dergleichen zu äußern, sondern auch, es zu hören.

Der Amtmann, nun außer sich vor Zorn, beherrschte sich mühsam. »Hole den Hausvogt!« herrschte er den Diener an.

Dieser war nur zu froh, den Saal verlassen zu können, und zog sich so eilig, wie es der Anstand erlaubte, zurück. Es hatte sich offenbar schnell herumgesprochen, daß der Amtmann vor Zorn rauchte, denn der Verlangte war sofort zur Stelle. Er marschierte lärmend und klirrend über den sorgfältig gepflegten Holzfußboden.

»Ins Gewölbe mit ihm!« donnerte der Amtmann.

»Aber die anderen haben wir doch gerade...« begann sichtlich verwirrt der Burgvogt.

»Das ist mir völlig gleichgültig! Schmeiß ihn rein!« schrie der Amtmann, sein sorgfältiges Bemühen um gewählte Sprache und würdiges Benehmen völlig vergessend.

Laurens war klar, was das bedeutete. Der Amtmann hatte ihm selber verraten, daß das Wasser bereits in den Zellen stand. Er rechnete nach, und kam zum Schluß, daß die Flut ungefähr um Mitternacht einsetzen müßte, ab dann würde das Wasser nochmals steigen. Der Amtmann hatte ihn zum Tode verurteilt. Laurens überschlug blitzschnell alle Möglichkeiten, die ihm blieben: die meisten waren aussichtslos, denn weder würde er sich aus dem Schloß herauskämpfen können, das in diesem Teil ja noch wie eine Burg gebaut war, noch könnte er sich allein aus den Verliesen befreien.

Stöhnend sank er zu Boden.

»Was hat der Kerl denn?« rief der Burgvogt, »soll ich ihn etwa in den Kerker tragen?«

Er faßte Laurens derb am Arm und schüttelte ihn.

Laurens bäumte sich auf, schlug mit den Armen um sich und fiel wieder flach auf den Boden. Er murmelte vor sich hin.

»Was sagst du?« Der Burgvogt bückte sich, und Laurens raunte ihm angestrengt etwas zu.

»Bring ihn endlich weg«, befahl der Amtmann, der die Geduld verlor.

»Er ist vor Angst übergeschnappt«, sagte der Burgvogt. »Warum sollte er die Pest haben?« Er schüttelte verständnislos den Kopf.

Der Amtmann wich zurück. Er gebot dem Burgvogt, der gerade den einarmigen Bettler aufheben wollte, Einhalt. »Warte, was sagte er zu dir?«

»Ich konnte ihn schlecht verstehen, aber so viel ich hörte, sagte er: ich habe keine Pest, glaubt es mir, ich bin nur entkräftet«, berichtete der Burgvogt erstaunt. »Na, umso besser, dann macht er keine Schwierigkeiten.« Er bückte sich nochmals, um endgültig Laurens wegzubringen.

»Halt!« rief der Amtmann. »Faß ihn nicht an. Weißt du, was in der Stadt los ist?« fragte er lauernd.

Der Hausvogt zögerte. »Ja, Hochwasser«, sagte er mehr fragend als beantwortend, denn er wußte nicht, auf was der Amtmann hinauswollte. »Ja, das meinte ich«, bestätigte dieser zufrieden. Im Schloß hatte offensichtlich noch niemand von der Seuche in der Stadt gehört. »Also wirf ihn in den Schloßgraben, dort ertrinkt er wie heute nacht noch andere außer ihm, und wir haben keine Scherereien mit seiner Leiche.«

»Warum soll er denn dann nicht in den Kerker?« widersprach der Hausvogt. »Dort ertrinkt er ebenso gut. Im Burggraben schwimmt er womöglich noch an Land. Nein, der Kerker ist sicherer.«

»Ich will ihn nicht im Haus haben! Und du tust, was ich dir sage«, befahl der Amtmann, »und zwar folgendermaßen.« Er winkte den Hausvogt zu sich heran. Die geflüsterte Unterhaltung zwischen beiden konnte Laurens nicht verstehen.

»Hole die Fußknechte«, befahl dann der Amtmann einem der Diener. Als diese gekommen waren, befand sich Laurens bereits wieder in tiefer gespielter Ohnmacht, und so schleppten die beiden Laurens zwischen sich fort. Der Hausvogt folgte in angemessenem Abstand. »Los, etwas schneller«, drängte er, »bevor der womöglich wieder aufwacht, muß es erledigt sein.«

Im Erdgeschoß angekommen, traten sie nicht auf den Innenhof hinaus, sondern trugen Laurens einen langen Gang entlang, der so dunkel war, daß Laurens die Augen öffnen konnte, um sich zu orientieren. Als der Gang abknickte, wußte Laurens, daß sie im Wirtschaftsflügel angekommen waren. Und, wie er gehofft hatte, bogen sie gleich darauf in den Küchengang ein. Er seufzte erleichtert, als er das Klirren von Schlüsseln hörte und das Quietschen einer schweren Tür. Der heftige Wind, der ihm sofort unter den Umhang fuhr, bestätigte ihm, daß sie sich außerhalb des Gebäudes auf dem Waschsteg befanden. Das war der schmale Steig, der von den Wirtschaftsräumen zum Schloßgraben führte und nur vom Gesinde benutzt wurde. Allerdings war auf ihm schon mancher unter Umgehung der nördlichen Pforte ungesehen aus dem Schloß entkommen. Der Weg endete an einer mit schweren Bohlen abgedeckten Plattform am Wasser unterhalb der hohen Außenmauer.

Wahrscheinlich war dies der Rest eines Laufgangs, den man während der Bauarbeiten an der Streichwehr am Rand des tiefen Schloßgrabens eingerichtet hatte. Seinen Ursprung kannte tatsächlich niemand mehr, aber er hatte sich als praktische Einrichtung, wenn nicht gar als notwendig erwiesen und wurde deshalb nicht abgebaut. Hier waren auch die zwei Prähme des Hausvogtes und die sechs kleineren Boote des Schloßfischers vertäut.

Alles in allem also ein sehr günstiger Platz, um ertränkt zu werden.

Laurens machte sich so schlaff und schwer, wie er nur konnte, und so war es nicht verwunderlich, daß er den Fußknechten auf dem steilen Treppchen zur Plattform aus den Händen rutschte.

Ohne sein Zutun rollte er über den letzten Absatz ins Wasser.

»Verflucht« rief der eine Knecht, und wollte ihm nach auf die Plattform, die man kaum sehen konnte, so tief lag sie schon unter der Wasseroberfläche.

»Laß ihn, er ertrinkt hier so gut wie einen halben Faden weiter«, sagte der Hausvogt.

Dem Knecht war es gleichgültig, und er stampfte die Treppe wieder hoch.

»Der Amtmann befiehlt, daß ihr euch einen lustigen Abend in der Kneipe macht.«

Die Knechte staunten nicht schlecht, als der Hausvogt ihnen einige Münzen in die Hand drückte, genug, um sich besinnungslos zu betrinken. Freigiebigkeit war sonst nicht Sache des Amtmanns. »Und laßt euch heute nacht hier nicht mehr sehen, das ist der ausdrückliche Befehl des Amtmanns, habt ihr verstanden?« In drohendem Ton sagte er dies, und drehte sich dann um, um den Pförtner aufzusuchen. Aus der Stadt hatte heute nacht bei Strafe keiner mehr Einlaß ins Schloßgelände zu erhalten.

Die Knechte bestätigten stumm, daß sie verstanden hatten, kratzten sich die Köpfe und machten sich dann auf den Weg in die Stadt.

19. Befreiung

Während der ganzen Zeit saß Inken in ihrem Gefängnis, ohne daß sich jemand um sie gekümmert hatte. Weder hatte man ihr Essen gebracht, das auch einer verdächtigen oder sogar überführten Hexe zustand, vor allem damit sie die peinliche Befragung ohne Hungerohnmacht überstand noch hatte ihr jemand mitgeteilt, worauf und wie lange sie warten mußte. Mittlerweile fror sie erbärmlich und empfand auch ihren Sieg über die Ratte nicht mehr wie anfänglich als Triumph. Ihr wurde zunehmend bewußt, welcher Modergeruch in dem kleinen Verlies lag, überlagert durch den Geruch nach Urin und Blut. Sie wünschte, sie hätte Tondern nie gesehen. Und dennoch..., sie hätte dann auch Ketel nicht kennengelernt. Einen winzigen Moment vergaß sie alles andere im Gedanken an den Kapitän. Sie seufzte und vergrub ihre Hände in den langen Ärmeln ihrer Bluse, nachdem sie den Umhang so fest wie möglich zugezogen hatte.

Es war eine merkwürdige Nacht. Mit zunehmender Dunkelheit war nicht wie üblich Ruhe über die Stadt gekommen, sondern Rufe ertönten hier und dort, halblaute Unterhaltungen wurden an Inkens Kellerloch geführt, Schritte von schnell Laufenden waren zu hören, kurz, es herrschte eine ungewöhnliche Betriebsamkeit. Jedesmal, wenn sich jemand näherte, erschrak Inken. Denn so ungewiß auch ihr Schicksal war, hier drinnen wußte sie, was sie erwartete, was aber von draußen kam, konnte noch schlimmer sein.

Am Abend noch war die Evakuierung der unteren Stadtteile geordnet vor sich gegangen, Panik war nicht aufgekommen, und die meisten wußten auch, wohin sie gehen konnten. In der Nacht nun änderte sich dies. Das lag zum einen an der allmählich größer werdenden Anzahl von Flüchtlingen, denen schließlich kein Notquartier mehr geboten werden konnte, zum anderen daran, daß den Menschen bewußt zu werden begann, wie nahe sie dem Tod waren. Die Krankheit schlug ohne Logik zu: Junge und Alte, Gesunde und Kränkliche, Arme und Reiche, Bürger, Einwohner und Unehrliche, man konnte sich weder schützen, noch sah man es kommen. In der Nacht nahm nicht nur die Anzahl der Fieberfälle nochmals sprunghaft zu, sondern auch die der Toten. Wenn man anfangs noch gedacht hatte, daß das Fieber mit den gewöhnlichen fiebersenkenden Mitteln heruntergezwungen werden könnte, so mußte man allmählich die Hoffnung aufgeben und konnte nur stumm abwarten. Nicht wenige der Erkrankten, vor allem in den ärmeren Häusern, lagen schließlich in oder nur knapp oberhalb des Wassers, das in die Wohnungen schwappte. Und wenn sie das Glück hatten, dem direkten Zugriff der Flut zu entgehen, so konnte doch in diesen Häusern kein Feuer mehr angezündet werden, weil Herd oder Holz und Torf durchnäßt waren, und so froren sie erbärmlich. Auch dieser Umstand trug dazu bei, daß in der Nacht etwa 30 Menschen starben.

In der Gewißheit, die letzten Tage ihres Lebens zu verleben, ging bei manchen der ehrbaren und weniger erbaren Bürger und Einwohner Tonderns eine erstaunliche Wandlung vor: sie betranken sich vorsätzlich mit Bier und Branntwein, streiften johlend durch die Straßen, und die ehrbar gebliebenen Leute gingen ihnen besser aus dem Weg. So kam es auch, daß die Plünderungen überhand nahmen. Was anfangs in aller Heimlichkeit nur Einzelpersonen ausgeübt hatten, begingen schließlich ohne Scheu ganze Gruppen, denen niemand Einhalt gebieten konnte.

»Aufs Rathaus«, hörte Inken jemanden rufen.

Andere Stimmen, weiter weg, nahmen den Ruf auf.

»O Gott, jetzt holen sie mich«, dachte Inken erschrocken.

»Im großen Saal muß die Lade stehen«, sagte einer.

»Nein, nein, eher im Raum des Bürgermeisters«, hielt ein anderer dagegen.

»Was soll's, wir durchsuchen eben alles.«

»Da muß doch auch die kleine Hexe noch irgendwo sein!« rief jemand.

Inken lauschte atemlos, das galt ihr.

»Ach was, die kleine Schlampe ist nicht halb so viel wert wie das Gold im Stadtsäckel«, hörte Inken einen anderen antworten. Dann entfernten sich die Männer. Dumpfe Schläge ertönten, dann das Splittern von Holz.

»Sie haben irgend etwas aus Holz kaputtgeschlagen, vielleicht die Tür oder einen Fensterladen«, überlegte Inken.

Und das mußte wohl zutreffen, denn danach war nichts mehr von den Männern zu hören. Nur ein Poltern zeigte an, daß sich jemand durch das Rathaus bewegte.

Eine Ewigkeit verging, wie es Inken schien, dann fuhr sie wieder in Angst hoch. Jemand war an der Kellerluke.

»Jungfer Inken«, wisperte es, »seid Ihr da drin?«

»Ja«, flüsterte sie zurück. »Wer ist da?«

»Ketel.« Und spöttisch dann: »Erinnert Ihr Euch?«

»Ja, natürlich«. Inken wurde es vor Erleichterung ganz schwach in den Knien.

»Daß Ihr gekommen seid!«

»Selbstverständlich, Jungfer«, antwortete Ketel, »Ihr glaubt doch nicht, daß ich Euch erst durch meine Schuld ins Unglück laufen lasse und dann davonsegele? Aber wir müssen es kurz machen. Zieht Euch bis an die andere Wand zurück!«

Kaum hatte er sich vergewissert, daß sie dies auch getan hatte, schlug er schon mit einer Axt auf die Tür zum Verlies ein. Es war ihm sehr gelegen gekommen, daß die plündernden Männer, die aus Neugier auch seine Tür geöffnet hatten, mit solchen Äxten bewaffnet gewesen waren. Es war ihm nicht schwergefallen, einen von ihnen zu überzeugen, daß er diese Waffe benötigte, allerdings gegen dessen Willen. In dieser Nacht war das Geräusch, das von schlagenden Äxten verursacht wurde, nicht ungewöhnlich, denn einsturzgefährdete Häuser gab es genug, und auch kleinere Brände waren zu löschen, und meistens mußte dabei mit Äxten gearbeitet werden. Andererseits war die Giebelseite des Rathauses mit dem Eingang zum Verlies gut sichtbar, und die Hopfenkarre befand sich schließlich genau daneben. Und wenn auch die meisten Stammgäste heute abend fehlten, so gab es doch genügend Leute, die sich nicht scheuten, in einer solchen Unglücksnacht zu feiern, vor allem die, die im Trubel der Ereignisse unerwartet zu Geld gekommen waren und sich jetzt betrinken wollten. Eile war also geboten. Aber dennoch: wirklich gefährlich war die Situation nicht, und Ketel arbeitete in aller Ruhe, wenn auch schnell. Bald hatte er Inken befreit, die ihm ohne Nachdenken um den Hals fiel, vor Erleichterung fast weinend.

»Wir müssen uns sputen«, drängte Ketel.

»Wahrhaftig, da hast du recht«, bestätigte eine dunkle, nässetriefende Gestalt, die neben ihnen auftauchte.

»Und warum bist du schon wieder nicht da, wo wir uns verabredet haben?« fragte Laurens mißbilligend. »Auf dich ist anscheinend gar kein Verlaß mehr, seitdem du nicht mehr bei mir Kapitän bist.«

»Ja, man verwildert leicht«, sagte Ketel, »es soll auch Steuerleute geben, die plötzlich zu Bettlern werden«.

»Gibt es, gibt es, in der heutigen Zeit ist alles möglich. Man hat auch schon davon erzählen hören, wie Städte gesperrt wurden und Kapitäne mitsamt ihrem Gefolge, zu dem Hexen und Bettler gehörten, gegen ihren Willen festsaßen und ...«

»Was sagst du, die Stadt ist gesperrt?« unterbrach Ketel, nunmehr ernst geworden.

»Nein, sagte ich nicht, aber ich gebe zu, daß es in den nächsten Stunden passieren kann. Der Amtmann hat es vor, soviel steht fest«, meinte Laurens. »Ich schlage vor, wir ziehen uns langsam zurück. Die Stadt hat ein ungesundes Klima. Pest und Nässe sind nichts für mich. Bin Besseres gewohnt«, sagte er hochnäsig, und brachte damit Inken zum Lachen.

»Ich denke, dich halten hier gewaltige Aufgaben zurück?« fragte der Kapitän anzüglich. »Politische, natürlich« ergänzte er.

»Nein, nicht mehr, ich habe sie abgeschlossen«, stellte Laurens fest. »Mit meinem Tod« fügte er hinzu.

»Ah so, und da du jetzt tot bist, möchtest du dein früheres Leben mit mir fortsetzen?«

»Aber ganz und gar nicht«, empörte sich Laurens. »Ich bin doch kein Seeräuber und Halsabschneider, der Tonderaner Kaufleute ausplündert.«

Inken sah verwundert von einem zum anderen. Die lockere Tonart in einer solch ernsten Situation machte sie sprachlos.

»Kapitän Ketel...« begann sie.

»Ihr müßt nicht erschrecken, Jungfer«, unterbrach dieser sie. »Wir sind nur so froh festzustellen, daß wir alle heil und munter sind, das ist alles. Aber wie Ihr so richtig bemerken wolltet, wir müssen weg von hier.«

Und Ketel nahm Inken am Arm und führte sie vorsichtig die Treppe hoch.

»Welche Richtung gehen wir am besten?« fragte er zu Laurens gewandt.

Dieser überlegte: »Wir müssen zum Mühlendeich. Dort habe ich ein Boot versteckt. Wir haben gar keine andere Möglichkeit, als geradewegs die Südertorstraße entlang zu gehen. Am unteren Ende wird es allerdings naß.«

»Kapitän Ketel« rief da Inken aufgeregt, »ich muß doch erst zu meinem Vater, wahrscheinlich hat er den ganzen Tag nach mir gesucht!«

»Laurens, das ist wahr«, sagte Ketel, und nickte Inken beruhigend zu.

»Wir können ihre Verwandten nicht im unklaren lassen, zumal sie wohl wissen, daß Inken eingesperrt wurde.«

»Und außerdem«, fügte Laurens nüchtern hinzu, »müßt ihr feststellen, ob sie überhaupt noch leben.«

Der Schreckensschrei von Inken machte ihm bewußt, daß weder der Kapitän noch das Mädchen wissen konnten, was in den letzten Stunden in der Stadt geschehen war, und so berichtete er kurz alles, was er wußte, auch seine Begegnung mit dem Amtmann verschwieg er nicht.

»Jedenfalls«, schloß er seine Zusammenfassung, »gibt es in den letzten Stunden nicht nur Fieberkranke, sondern auch Tote. Und wenn ihr nicht dazugehören wollt, dann macht, daß ihr die Stadt verlaßt. Ich jedenfalls bin schon so gut wie weg.«

»Aber...«, begann Inken.

Laurens unterbrach sie: »Selbstverständlich erst, wenn wir wissen, was mit Euren Leuten los ist.«

Sie machten sich auf Weg zu Inkens Verwandten in die Osterstraße.

20. Ende der Plage

Die Stadt Tondern war als Schutzgemeinschaft für Kaufleute gegründet worden, also als eine Einrichtung, in der man nichts weniger im Sinn hatte als Verantwortung für das Wohl gerade der Personen, die die Stadt am wenigsten trugen, nämlich die Armen, Kranken, Alten und Waisen. Diese wurden der Fürsorge der eigenen Familie überlassen – ersatzweise der des Klosters, als es dieses noch gab. Und wenn man schon diese Leute als nichtexistent im Sinne der Stadt betrachtete, wieviel mehr noch Unrat und Misthaufen. Deshalb waren diese auch noch niemals Gegenstand einer Erörterung im Stadtrat gewesen, und Inkens Vergleich des sauberen, rattenfreien Hofes daheim mit den dreckigen, rattenübersäten Höfen und Straßen Tonderns hatte Verblüffung bei manchen Ratsherren ausgelöst. Ja, diese schlichte Beurteilung auf dem Niveau einer Hausfrau hatte bei dem einen oder anderen die Erkenntnis aufblitzen lassen, daß man eine Stadt auch beurteilen kann wie das Heim einer kleinen Familie: ob die Hausfrau häufig fegt und sauberen Sand streut, ob der Hausherr gesund ist und mit seiner Arbeit die Familie ernähren kann, ob die Kinder fröhlich und unbeschwert umhertollen und ob die Großeltern wohlversorgt im Altenteil sitzen und sich von ihrer Lebensarbeit ausruhen. Und dieser Vergleich – war man erst darauf gekommen – gab doch manchem zu denken. Aber selbstverständlich war jetzt weder die Gelegenheit, über derartige Fragen zu beraten, noch darüber nachzudenken, ob sie jemals Gegenstand einer Sitzung werden konnten.

Was die Rattenfrage betraf, so hätten sich wohl die meisten der Ratsherren dafür entschieden, nichts zu tun, denn sie erledigte sich gewissermaßen von selbst. Die Aufregung über die Kadaver war allmählich der Gleichgültigkeit gewichen, denn ohne Ausnahme hatte jeder Wichtigeres zu tun, als sich darum zu kümmern. Und nachdem die meisten toten Tiere beseitigt worden waren, unter denen sich übrigens auffallend weniger graue als schwarze Ratten befanden, geschah eigentlich nichts Neues, das darüber hinausgegangen wäre. Im Gegenteil, es wurde weniger. Es schien fast so, als ob nun alle tot seien, die davon betroffen werden konnten, oder, als ob keine weiteren Tiere sterben würden, etwa so, wie auch kein Schwein und kein Pferd an dieser Krankheit eingehen konnte.

Die grauen Ratten hatten sich nun weitgehend in ihren neuen Wohngebieten eingerichtet, und man bekam sie genauso wenig zu Gesicht wie sonst, sozusagen wie in normalen Zeiten. Die schwarzen Ratten aber waren verschwunden, entweder tot oder geflohen.

So hatte sich, von den Menschen in Tondern unbemerkt, im Rattenvolk eine Veränderung vollzogen, in der ein abergläubischer Mensch möglicherweise eine Vorbedeutung für die Menschheit abgelesen hätte.

21. Flucht

Im Haus von Inkens Tante und Onkel in der Osterstraße sah es ungefähr so aus wie überall zu dieser Zeit in der Stadt, nämlich gar nicht gut. Zwar war ihre Stave zum Glück nicht überschwemmt, da sie ja im höchsten Teil von Tondern lag, fast 6 Ellen über dem Hafenniveau, aber die Pest hatte genau wie in den niedrigen Hütten ihren Einzug gehalten.

Am Sonnabend war zuerst Inkens Onkel von Schüttelfrost befallen worden, und kurz danach mußte sich auch Tade hinlegen, weil er sich nicht mehr auf den Beinen halten konnte.

»Sucht nach Inken«, hatte er ihrer Tante noch zugeflüstert, ganz heiser war er bereits gewesen, dann war er in Bewußtlosigkeit gesunken. Und so war Inkens Tante, tief beunruhigt zwar, aber dennoch besonnen, an die Arbeit gegangen. Sie eilte hin und her, ließ sich von den Mädchen Wasser bringen zur Kühlung der Fieberkranken, brühte Kräuter auf, saß abwechselnd an beiden Betten, um den Kranken beruhigende Worte zuzusprechen, und merkte auf diese Weise gar nicht, wie die Zeit verging.

Sie hatte einen Knecht zu Arne Mickelsen geschickt und um seinen Besuch gebeten, denn das war die einzige Hilfe, die sie Inken im Moment geben konnte. Aber der Bote war nun leider mit der Mitteilung zurückgekehrt, Arne sei schwer krank, worauf sie den Knecht zum stellvertretenden Bürgermeister beordert hatte. Von dort war er abends noch nicht zurückgekehrt, und niemand wußte warum.

Tade starb in den frühen Morgenstunden. Bei Inkens Onkel nahm die Krankheit einen anderen Verlauf. Ungeheure Kopfschmerzen marterten ihn, und seine Zunge paßte kaum mehr in seinen Mund, schwarz und geschwollen, wie sie war.

»Das Haus brennt« keuchte er.

»Schon gut«, beruhigte Meta ihn, »wir wissen Bescheid. Du brauchst dich nicht zu sorgen«.

Und sie schob ihm einen nassen Lappen zwischen die Lippen, damit er Flüssigkeit bekam. So langsam und mühselig, wie er schlucken konnte, war sie gar nicht in der Lage, seinen quälenden Durst zu löschen. Er verbrannte innerlich, sie sah es wohl.

Viel Hilfe hatte Inkens Tante nicht. Eins ihrer Mädchen war inzwischen ebenfalls krank, die anderen blieben verängstigt in ihren Kammern, leise betend und unfähig, etwas Vernünftiges zu tun.

»Wenn es euch bestimmt ist zu sterben« sagte Meta, »werdet ihr auch in den Kammern vom Fieber erwischt, deswegen brauchtet ihr euch also nicht zu verstecken.«

Aber nichts konnte die Mädchen von ihrer lähmenden Angst befreien, und Meta blieb weiter nichts übrig, als kopfschüttelnd wieder an ihre Arbeit zu gehen. Nur die Küche war noch in Betrieb, die alte dicke Köchin war durch nichts zu erschüttern. Sie hatte schon so viel durchgemacht, auch schon eine Pestepidemie, daß sie alles nahm, wie es eben kam. Wirkliche Sorge machte ihr zur Zeit nur, daß der Torf für den Herd zu Ende ging, und ein Knecht nicht aufzutreiben war, der für Nachschub hätte sorgen können. Nun, auch das würde sich regeln, dachte sie und schürte einstweilen weiter. Heißes Wasser brauchte sie in Mengen, denn die Hausfrau bestand darauf, daß alles, was für die Kranken an Besteck und Gefäßen in Gebrauch war, in so viel heißem Wasser wie möglich abgewaschen wurde.

»Neumodischer Kram«, murmelte sie geringschätzig, »und das ausgerechnet jetzt, wo niemand Wasser besorgen kann, und dabei haben wir doch schon in normalen Zeiten kaum gutes Wasser genug.«

»Stine!« rief sie laut nach dem Mädchen.

»Diese Schlampe, nie ist sie da, wenn man sie braucht!«

Und sie bewegte sich mühselig auf ihren geschwollenen Beinen aus der Küche heraus, die Treppe hoch zur Großstube, wo sie der Hausfrau begegnete.

»Frau Meta«, keuchte sie, »ich brauche Wasser und Feuerung, wo sind denn die Mädchen, und wo ist Per?«

»Ich weiß es auch nicht, Anna«, sagte die Hausfrau bekümmert. Sie ging aber in die Ställe, und dort fand sie immerhin noch einen der Männer, die für das Vieh und die Pferde zu sorgen hatten, und sandte ihn mit allem, was die Köchin brauchte, ins Haus. Als sie wieder auf dem Rückweg war, hörte sie lautes Rufen. »Tante, Tante«, und überglücklich schloß sie ihre Nichte in die Arme.

»Daß du lebst, mein Kind« schluchzte sie. »Der dich suchen sollte, verschwand ebenfalls, und ich hatte deinen Vater und meinen Mann zu pflegen.«

Die Tante war zwar unter der Bürde der Verantwortung, die in den letzten Stunden auf ihr lastete, noch nicht mutlos geworden, aber andererseits hatte sie auch keine Reserven mehr, um Inken vorsichtig auf die Ereignisse vorzubereiten, von denen diese noch nichts wußte. So erfuhr Inken kurz und bündig, daß ihr Vater Tade ein Opfer der Pest geworden war, ohne sich lange herumzuquälen. Ketel nahm Inken gleich ohne Zögern in die Arme, und dort kam sie nach einer Weile zur Ruhe, während Ketel und Laurens halblaut besprachen, was unter den neuen Bedingungen zu tun war. Mehr noch als vorher drängte es sie, aus der Stadt zu fliehen. Inkens Tante weigerte sich, den Hof zu verlassen, während ihr Mann mit dem Tod rang.

Wohin aber mit Inken?

Die Tante, nunmehr vorübergehend für Inken verantwortlich, entschied, daß die Gefahr im Stadthof für Inken größer war, als sie sonstwo sein konnte. Und da sie durch Tade und auch über Arne Mickelsen schon von Kapitän Ketel gehört hatte, er auch allgemein einen guten Ruf hatte, meinte sie, daß Inken das Wagnis dieser ungewöhnlichen Reisebegleitung eingehen müsse. Zu Laurens allerdings konnte sie trotz größten Bemühens kein Vertrauen fassen. Inken und ihre Tante umarmten sich weinend. Sie wußten nicht, ob sie sich jemals wiedersehen würden...

Die zwei Männer und das junge Mädchen eilten in diesen frühen Morgenstunden des Sonntags, so schnell sie konnten in Richtung auf den Müllergraben.

Die kleine Stadt war böse zugerichtet, aber man konnte hoffen, daß das Hochwasser überstanden war und allmählich ablaufen würde, denn der Wind nahm spürbar ab. Ketel und Laurens stellten gleichzeitig fest, daß er nachgelassen hatte.

»2–3 Strich zu Nord«, sagte Ketel prüfend, »dann wird der Wind eben ausreichen, um das Wasser aus Tondern hinauszublasen, bevor er ganz abnimmt.«

»Ja, aber die Prüfungen sind damit ja noch nicht vorbei«, meinte Laurens seufzend, »wer weiß, wie viele Leute hier noch sterben müssen.«

»Merkwürdig, es ist genau das eingetreten, wovor sie Angst hatten«, sinnierte Ketel.

»Wie meint Ihr das?« wollte Inken wissen. »Wer hatte Angst?«

»Ach, der Zöllner und auch der Fischer, der mich hochsegelte, waren beide so merkwürdig. Sie warnten mich, daß ich meine Geschäfte in Tondern schnell beenden und dann Fersengeld geben solle. Sie waren sich ganz sicher, daß in nächster Zeit eine Gefahr drohe«, erklärte Ketel. »Aber ich hielt es nur für Aberglauben. Wie hätten sie es denn auch ahnen können?«

»Das konnten sie gar nicht«, verneinte Laurens überzeugt. »Aber es fügte sich alles so gut. Es begann mit den Sternen, die uns so nützlich wurden, als sie im passenden Moment vom Himmel fielen, und danach ging alles wie von selbst.«

»Wie meinst du das?« fragte Ketel irritiert. »Hast du da die Hände im Spiel gehabt?«

»Bei den Sternen? Nein! Aber wenn der Amtmann den Himmel in seine Pläne miteinbeziehen konnte, dann tat er das.« Laurens lachte vergnügt.

»Du willst doch damit nicht sagen, daß du und der Amtmann den Aufruhr hier angezettelt habt!« rief Ketel entgeistert.

»Na ja«, wehrte sich Laurens halbherzig, gab dann aber zu, daß der Amtmann die vom Herzog selbst ausgelöste Unzufriedenheit nach Kräften geschürt und er selbst dabei mitgeholfen hatte.

»Das wußte ich aber am Anfang auch nicht«, wehrte Laurens sich.

»Mir ging erst nach und nach auf, daß der Amtmann die Stadt in die Hand bekommen wollte. Und ich dachte anfänglich, ich stünde in des Herzogs Diensten, denn das hatte mir der Amtmann so erklärt.«

»Ach, und du solltest den Aufruhr schüren, um dem Amtmann mit herzoglicher Billigung die Stadt in die Hand zu spielen. Jetzt verstehe ich«, faßte Ketel zusammen.

»Ja, so war es wohl«. Laurens nickte.

»Und dir war am Anfang noch nicht klar, daß er dich und deine Helfer dann leicht loswerden konnte, indem er euch alle als Rädelsführer an den Galgen brachte?« fragte Ketel.

Laurens blieb unvermutet stehen. »Meinst du, er hatte das von Anfang an so geplant?« fragte er erschrocken.

»Das liegt doch auf der Hand! Nach allem, was ich bisher von dem Schurken gehört habe, ist das selbstverständlich. Er schlug doch dann zwei Fliegen mit einer Klappe! Er hatte den Aufruhr, den er brauchte, und er wurde die Mitwisser los. Und dazu kommt, daß er sich noch das Wohlwollen des Volkes erkaufen konnte, wenn er 8 Männer dingfest machte, die die Schuld an den Gewalttätigkeiten trugen, zu denen es ohne Zweifel gekommen wäre, und die außerdem noch Stadtfremde waren. Ja, ich kann in eurer Hinrichtung zur passenden Zeit nur Vorteile sehen, und der Amtmann bestimmt auch«, resümierte Ketel.

»So ein Schurke!« rief Laurens empört.

»Du mußt zugeben, daß du daran nicht ganz unschuldig bist«, meinte Ketel gleichmütig.

»Vielleicht«, gab Laurens zu. »Jetzt ist mir auch klar, warum er mich gestern unbedingt einsperren wollte. Meine Aufgabe hatte ich wohl in seinen Augen erfüllt, deshalb wollte er mich nicht mehr in die Stadt zurücklassen.«

Zufrieden rieb er sich die Hände. »Na, ich habe ihm aber ein Schnippchen geschlagen.«

»Wie bist du eigentlich entkommen?« erkundigte sich Ketel neugierig.

»Ach, ich hatte vorübergehend die Pest, und da ließ er mich ertränken.«

»Aha«, meinte Ketel zu dieser überaus klaren Antwort. In Gedanken beschäftigte er sich mit etwas anderem.

»Da ist mir noch etwas unklar«, überlegte er laut. »Hattet ihr dieses merkwürdige Gerücht von den Seeräubern verbreitet?«

Laurens sah ihn fragend an.

»Daß der Ochsenhandel von Tondern aus gefährdet ist, weil mehr Kaperer als je auf der Lauer liegen, um die Transporte abzufangen«, erklärte Ketel.

»Ach so, ja das waren wir. Meine Idee«, sagte er stolz. »Was meinst du, wie das bei den Kaufleuten einschlug! Die wurden ganz nervös, wahrscheinlich ihr ganzes Gesinde auch, bis hinunter zu den Ochsen.« Laurens lachte laut bei dem Gedanken an die Verwirrung, die sie gestiftet hatten.

»So lustig finde ich das gar nicht«. Ketel schüttelte den Kopf. »Und es war ein ziemlicher Blödsinn, das weißt du wohl selbst.«

»Es wirkte aber, und nur darauf kam es an«, verteidigte sich Laurens.

»Na ja, wenn du es so siehst«, brummte Ketel.

»Aber jetzt geht es wieder zur See!« sagte Laurens entschlossen, als ob er alles abschütteln wollte. »Dieser Kleinkrieg zwischen Herzog, Amtmann und Stadtrat war mir sowieso schon zuwider. Keiner wußte von den Intrigen des anderen, nur ich, und ich war immer zwischen den Fronten, mal hier, mal da, immer die Ohren offen und dabei die Nase im Dreck. Nein, auf die Dauer war das nichts für mich!«

»War der Rat denn auch beteiligt?« wollte Ketel wissen, hellhörig wie immer.

»Natürlich, wußtest du das denn nicht? Einmal mußte ich dem Amtmann vom Ratsherrn Erland Kalf einen schweren Beutel bringen, ich denke, er enthielt Gold. Irgendwie hatte das alles auch mit Machtkämpfen zwischen den Kaufleuten zu tun. Ich glaube, Bier gegen Ochsen, so ungefähr. So ganz durchschaubar war es nicht. Das meiste habe ich mir ja selbst zusammengereimt.«

»Einen Mitwisser wollte der Amtmann wohl nicht gerade haben, das ist klar«, meinte Ketel trocken. »Aber was anderes! Wo hast du das Boot denn festgemacht?«

»An einem Baum in der Nähe der Müllerkuhle. Wir sind gleich da«, sagte Laurens und zeigte nach vorn.

Mittlerweile waren sie in einer Gegend angekommen, in der sich die Unterhaltung von selbst verbot, denn sie mußten angeschwemmte Trümmer übersteigen, tiefe Kuhlen mit Wasser umgehen und bei allem durch tiefen Matsch stapfen.

»Wenigstens sinkt das Wasser schon. Sieh mal, die Balken sind bis hier oben hin geworfen worden, der Bach beginnt aber erst dahinten. Ja.« Ketel deutete auf das Schwemmgut.

»Ist das gut für uns?« wollte Inken wissen.

»Es ist für die Stadt wichtiger als für uns. Es bedeutet, daß das Wasser sich jetzt schnell zurückzieht. Wir können vermutlich ohnehin nicht die ganze Strecke bis Lügum segeln, ob mit oder ohne Deichbruch«, antwortete Ketel.

»Hm.« Laurens räusperte sich. »Also, von Segeln kann ohnehin nicht die Rede sein, ich konnte nur ein Ruderboot klauen«, sagte er bescheiden.

»Ach, du Ärmster«, rief Ketel mitfühlend aus. »Und du meinst, du schaffst das bis Lügum?«

»Was, ich allein?« empörte sich Laurens. »Mit einem Arm und bei meinen Qualitäten? Nein, nein, ich bin kein Rudergast, sondern ab heute auf der »Hoffnung« Navigationsoffizier. Berücksichtige das gefälligst, Kapitän!« empfahl er Ketel streng.

»Na gut«, beschwichtigte Kapitän Ketel. »Wie die Prophetin Heertje schon voraussagte: es werden kommen schlechte Zeiten, da wird rudern der Kapitän den Matrosen und dienen der Herr dem Knecht...«

Laurens kicherte. »Was, die hat das schon gewußt? Na, siehst du, Ketel, auf alte Prophezeiungen ist doch Verlaß.« Und mit einem Blick auf Inken, die traurig und mutlos bei ihnen stand: »Sagte sie nicht auch:... und wider die Natur werden fahren die Mädchen mit ihren Kapitänen auf den großen Seeschiffen?«

»Nein, nein« sagte Ketel entschieden, »die Mädchen werden zu Hause auf ihre Kapitäne warten, wie es sich gehört, und dann werden die Kapitäne in aller Form um ihre Hand anhalten.«

Und unbehelligt stiegen sie ins Boot und ruderten über die Müllerkuhle auf den Kanal zu, der aus Tondern hinausführte, unbelästigt von anderen Flüchtlingen, die ebenfalls das Glück hatten, ein Boot zu besitzen.

Epilog

Es dauerte noch zwei Tage, bis das Wasser sich vollständig aus Tondern zurückgezogen hatte, an der äußersten Flutgrenze einen Wall aus Holzbalken, Reetbunden, Torfsoden, Kadavern und einem Haufen undefinierbaren Unrats zurücklassend. In den hellen Stunden dieser Tage war ohne Unterlaß niedriges Volk damit befaßt, noch brauchbare Dinge herauszuklauben, mit einigem Recht, wie man zugeben muß, denn aus ihren Hütten und Buden stammten sie ja.

Die Krankheit – die Pest, wie man nun mit Sicherheit wußte – hielt sich länger. Von den ungefähr 1670 in Tondern lebenden Menschen – ganz genau ließ sich dies wiederum nicht festlegen – starben 320, dazu noch 66 aus der Wulfstraße und den zum Amt gehörenden Straßen. Es waren viele, aber immerhin weniger als während des Seuchenzuges von 1604, der 500 Menschen aus Tondern und 35 Personen aus der Wulfstraße das Leben gekostet hatte.

Trotz der Sperrkette, die nach 4 Tagen erfolgreich um die Stadt gelegt wurde, entkamen bereits kranke Personen in die Karrharde und in die Bökingharde. Dort breitete die Seuche sich mit Hilfe der fliehenden Einwohner weiter aus, und es waren viele Tote zu beklagen.

Die Bewohner dieser Gegenden konnten erst aufatmen, als das Jahr 1651 angebrochen war. Die abergläubischen unter ihnen wiesen mit Recht darauf hin, daß bereits die Kometenschweife am Anfang des Jahres 1650 unheilbringende Vorzeichen gewesen waren, was sich ja am Jahresende bestätigt hatte. Und ohne solche sei mit einem guten Jahr zu rechnen, wie der Müller Nes aus Lügum betonte, das gelte also für 1651. Sein Wort hatte nach diesen Ereignissen mehr Gewicht als vorher, denn es herrschte Einstimmigkeit darüber, wie zutreffend seine Furcht allgemeiner Art gewesen war und wie berechtigt seine Klagen über das zumindest merkwürdige, wenn nicht anrüchige Verhalten von Tade, dem Ochsenhändler.

Daß der Rat von Tondern sogleich festgestellt hatte, daß auch die Tochter Tades Hexenkünste beherrschte, bestätigte den Verdacht gegen Tade. Und obwohl man es Tades verarmte Familie nicht spüren ließ, daß man ihn schon immer der Hexerei verdächtigt hatte, hätte man gerne an Inken Rache genommen, die mit ihrer Kunst so viele Pesttote zu verantworten hatte.

Inken aber wurde dem Zugriff der Lügumer und auch dem des Rates von Tondern dadurch entzogen, daß sie auf die Insel Sylt heiratete. Dort im königlich dänischen Gebiet galt weder das Wort des

Herzogs noch hatte die Stadt Tondern einen Einfluß, so daß Inken und Ketel unbehelligt lebten, bis die Hexenriecherei allmählich von selbst aufhörte.

Das obrigkeitliche Ansehen jedoch stieg wieder, nachdem sich herumgesprochen hatte, wie zielbewußt der Stadtrat von Tondern die Ursache für die Pest erkannt und sofort Maßnahmen ergriffen hatte. Daß es zur Verbrennung der Hexe nicht gekommen war, einem Schauspiel, das sich sicher die wenigsten hätten entgehen lassen, war nicht zu verhindern gewesen. Denn daß der Rat machtlos gegenüber den Fähigkeiten der Hexe, durch Mauern und geschlossene Tore zu entweichen, sein mußte, konnte jedermann einsehen.